정보관리기술사 & 컴퓨터시스템응용기술사

Information Management
Computer System Application

vol.10 | 클라우드

권영식 지음

BM (주)도서출판 성안당

머리말

필자는 기업에 입사 후 학습량이 절대적으로 부족한 상태에서 여러 번 응시한 적이 있었고, 그때마다 답안 작성을 위해 참고할 만한 서적이 있었으면 하는 생각이 간절했었습니다.

1.6mm 볼펜으로 400분 동안 자신이 알고 있는 내용을 요약해서 해당 교시별로 14페이지에 논리적으로 기술하기란 쉬운 일이 아닙니다. 심지어 알고 있는 내용일지라도 답안에 기술하기란 또한 쉽지 않습니다.

이 책은 이런 어려움을 극복하기 위한 차원에서 학원 수강을 통해 습득한 내용과 멘토링을 진행하면서 스스로 학습한 내용을 바탕으로 답안 형태로 작성하였고, IT 분야 기술사인 정보관리기술사와 컴퓨터시스템응용기술사 자격을 취득하기 위해 학습하고 있거나 학습하고자 하는 분들을 위해 만들었습니다.

기술이란 과거 기술의 연장선으로 성능을 향상하였거나 보안요소, 그리고 소프트웨어적 제어, 사용자 편의성, 가용성, 확장성 등을 지향하는 방향으로 발전되고 있습니다. 해당 기술은 어떤 필요성에 의해 탄생이 되었을까? 그리고 어떤 기술 요소를 가지고 있고 다른 기술과의 관계는 어떻게 형성되는지? 그리고 향후에는 어떻게 발전될 것이며, 현업(실무자 차원)에서 경험한 문제와 해결 방법 등을 답안에 기술해야 고득점을 획득할 수 있습니다.

답안은 외워서 작성하는 것보다 실무 경험에서 쌓은 노하우를 논리적으로 기술하는 방법이 제일 좋습니다. 특히 IT 분야는 매우 다양하기 때문에 현업을 수행하면서 주위의 동료나 다른 부서의 팀원과의 교류를 통해 간접적인 경험을 많이 축적해 보는 것이 학습에 많은 도움이 되며, 직접 경험하지 못한 분야에 대해서는 간접적인 경험을 통해 습득하는 것도 좋은 방법입니다.

항목	분류	내용
1	클라우드 컴퓨팅	Cloud Computing, 특징 / 구성요소와 기술요소 / 서비스 / 핵심기술 / 주변기술, 인터 클라우드, 멀티 클라우드, 모바일 클라우드, 클라우드 컴퓨팅의 서비스 유형, Private / Public / Hybrid Cloud, Cloud Computing 서비스별 SLA 요구사항, 퍼스널 클라우드, 소버린 클라우드, 메타 클라우드, 서버 Based Computing 등
2	클라우드 서비스	사설(Private) Cloud, 공용(Public) Cloud, 하이브리드(Hybrid) Cloud, 서비스 전달 방식, IaaS, PaaS, SaaS의 모델 분류, DaaS(Datacenter as a Service), XaaS (Everything as a Service), Cloud Computing과 XaaS 비교, TaaS(Testing as a Service), BaaS(Backend as a Service), 서버 호스팅, 베어 메탈, 클라우드 서버 비교, CSB(Cloud Service Broker), 클라우드 SLA(Cloud Service Level Agreement)의 유형 / 특징 / 카탈로그, 서버리스 아키텍처(Serverless Architecture) 등
3	가상화	가상화(Virtualization)의 원리 / 유형과 목적 / 기술, 서버 가상화, 데스크탑 가상화, 스토리지(Storage) 가상화, Application 가상화, 가상화(Virtualization)기술 활용 효과, Hardware 파티셔닝(Partitioning) 기법, 가상화(Virtualization), 전(Full)가상화, 반(Para)가상화, 가상머신(Virtual Machine)과 컨테이너(Container), 컨테이너 가상화(Container Virtualization), 가상화 기술인 도커(Docker), VMM(Virtual Machine Monitor), Zero PC, Zero Client, Thin Client 등
4	클라우드 네트워크	SDN(Software Defined Network), VLAN(Virtual LAN), VPN(Virtual Private Network), NFV(Network Function Virtualization)를 비교, 클라우드 존을 구성, 3-Tier Network 아키텍처 장단점, Spine-Leaf 구조, 티밍(Teaming)과 본딩(Bonding), 네트워크 스토리지(Network Storage), iSCSI(Internet Small Computer Small Interface), NFS와 CIFS, 엣지 데이터센터, 뉴트론(Neutron) 등
5	클라우드 스토리지	스토리지 티어링(Storage Tiering), Storage 프로비저닝(Provisioning), 스토리지 풀(Storage Pool), 통합 스토리지(Unified Storage), Storage 유형(Block / File / Object Storage), DAS, NAS, SAN, 미러링(Mirroring), 스트라이핑(Data Striping), RAID 5, RAID 0 / 1 / 5 / 1+0, VTL 등
6	클라우드 보안	Cloud Computing 보안, SEcaaS(SEcurity as a Service), 멀티테넌시(Multi-Tenancy) 보안, 클라우드 서비스 보안 인증(CSAP), ISO/IEC 27017 / 27018, CASB(Cloud Access Security Broker), Cloud Forensic(포렌식), 가상화 침입 대응 기술, BYOD(Bring Your Own Device) 보안위협과 해결방안 등
7	기반 기술	오토 스케일링(Auto Scaling), Auto Scale Up과 Auto Scale Out 아키텍처 비교, 클라우드 네이티브(Native), 클라우드 네이티브 어플리케이션, 쿠버네티스(Kubernetes), 하이퍼바이저(Hypervisor), 도커(Docker), 컨버지드 인프라(Converged Infrastructure), HCI(Hyper Converged Infrastructure), 디지털 트랜스포메이션(Digital Transformation), VDI(Virtual Desktop Infrastructure), Cloud 전환 시 선정기준과 고려사항 / 평가항목, 정보시스템 구조 진단 방안 등

위와 같은 형태로 Domain별 세부 내용과 전체 구성을 미리 파악하면 학습에 많은 도움이 되고, 위와 같은 형태로 전체적인 내용을 이해하고 학습하면 지식의 폭을 신속히 늘릴 수 있습니다.

본 교재는 발전 동향, 배경, 그리고 유사 기술과의 비교, 다양한 도식화 등 30년간의 실무 개발자 경험을 토대로 작성한 내용으로 풍부한 경험적인 요소가 내재하여 있는 장점이 있습니다. 다시 한번 더 학습자 여러분의 답안 작성 방법에 많은 도움이 되었으면 하는 바람입니다.

교재 구입 후 추가로 궁금한 내용이나 문의 사항에 대해서는 운영 중인 카페 http://cafe. naver.com/96starpe에 질문 답변을 통해 언제든지 성심성의껏 답변드릴 것을 약속드리며, 본 교재 내의 내용도 지속적으로 보완하여 학습하시는 분들에게 도움을 드리고자 합니다.

총 10권의 책자가 집필되는 동안 옆에서 묵묵히 내조해 준 사랑하는 아내와 딸 지혜, 아들 대호에게 고맙고 또한 출판을 위해 여러모로 도움을 주신 성안당 관계자분들께 감사드립니다.

저자 권영식

차 례

PART 1 클라우드(Cloud)의 개요

1. Cloud Computing(클라우드 컴퓨팅) ··· 14
2. Cloud Computing의 특징 ·· 16
3. Cloud Computing의 구성요소와 기술요소 ·· 18
4. Cloud Computing의 서비스와 핵심기술 ·· 20
5. Cloud Computing의 공통 개념과 6대 핵심기술, 9대 주변기술 ·················· 22
6. Cloud Computing의 핵심 및 주변기술 ·· 24
7. 인터 클라우드(Inter-Cloud) ··· 28
8. 멀티 클라우드(Multi-Cloud) ·· 30
9. 하이브리드 클라우드(Hybrid Cloud) ··· 34
10. Mobile Cloud ·· 36
11. Cloud Computing 서비스 유형(전개 모델) ·· 38
    가. 클라우드 컴퓨팅의 계층구조
    나. 클라우드 컴퓨팅의 서비스 유형 개념도 및 분류
    다. 클라우드 컴퓨팅 서비스 유형 비교(Public vs Private)
12. Private, Public, Hybrid Cloud ··· 41
13. Cloud Computing 서비스별 SLA 요구사항 ··· 44
14. Personal Cloud(퍼스널 클라우드) ··· 47
15. Sovereign Cloud(소버린 클라우드) ·· 50
16. Metacloud(메타 클라우드) ··· 53
17. 유틸리티 컴퓨팅(Utility Computing) ·· 55
18. 그리드 컴퓨팅(Grid Computing) ··· 61
19. SBC(Server Based Computing) ··· 63
20. Cloud 관리 플랫폼의 정의 및 필요성, 필수 기능, 플랫폼 선정기준, 기대효과 ·············· 65

PART 2 클라우드(Cloud)의 서비스(Service)

21. 사설(Private) Cloud, 공용(Public) Cloud, 하이브리드(Hybrid) Cloud ·········· 72
22. Cloud Computing의 서비스 전달 방식 ·· 76
23. IaaS, PaaS, SaaS의 모델 분류와 SLA 특징 ·· 78
24. DaaS(Datacenter as a Service) ·· 81
25. XaaS(Everything as a Service) ·· 83
26. Cloud Computing과 XaaS 비교 ··· 87
27. TaaS(Testing as a Service) ··· 89
28. BaaS(Backend as a Service)-1 ··· 92
29. BaaS(Backend as a Service)-2 ··· 96
30. 서버 호스팅, 베어 메탈, 클라우드 서버 비교 ··· 100
31. CSB(Cloud Service Broker) ··· 102
32. CSB(Cloud Service Brokerage) ··· 104
33. 클라우드 SLA(Cloud Service Level Agreement)의 유형, 특징, 카탈로그 ······ 106
34. 서버리스 아키텍처(Serverless Architecture) ·· 110

PART 3 가상화(Virtualization)

35. 가상화(Virtualization)의 원리 ·· 116
36. 가상화(Virtualization)의 유형과 효과 ·· 118
37. 가상화(Virtualization)의 목적과 기술 ·· 120
38. 서버 가상화(Server Virtualization) ·· 123
39. 데스크탑 가상화(Desktop Virtualization)-1 ·· 125
40. 데스크탑 가상화(Desktop Virtualization)-2 ·· 127
41. Desktop 가상화에서 Boot Storm 발생원인과 해결방안 ······························ 129
42. 대표적인 가상화(Desktop, Server, Network, OS, Process 등)의 개념과 적용효과, 사례를
    설명하시오. ·· 131
43. Desktop 가상화의 유형과 적용사례 ·· 134
44. 현재 사용 중인 PC의 가상화 도입 필요성과 가상화 환경과의 비교 설명하시오. ·········· 136
45. 정보 System에서 가상화(Virtualization)기술 활용 효과에 대해 설명하시오. ·········· 138
46. 스토리지(Storage) 가상화 ··· 141

47. Desktop 가상화와 Disk(Storage) 가상화 ································· 146

48. Application 가상화 ·· 148

49. 서버 가상화 방법 중 Hardware 파티셔닝(Partitioning) 기법 2가지와 활용효과 ············ 150

50. 가상화(Virtualization), 전(Full)가상화, 반(Para)가상화 ······················· 153

51. 가상머신(Virtual Machine)과 컨테이너(Container) 비교 ····················· 157

52. 컨테이너 가상화(Container Virtualization) ····························· 160

53. 가상화 기술인 도커(Docker) ··· 163

54. 가상화를 실현하기 위해 OS와 Hardware 사이에 구현하는 VMM(Virtual Machine Monitor)에
    대해 설명하시오. ·· 166

55. Cloud System 구축을 위한 핵심기술인 가상화 관련 기술 중 가상머신과 컨테이너를 비교하여
    설명하시오. ·· 169

56. Zero PC ··· 173

57. Zero Client ·· 176

58. Thin Client ·· 179

PART 4 클라우드 네트워크(Network)

59. SDN(Software Defined Network) ····································· 182

60. Network 기술 중 SDN(Software Defined Network)과 NFV(Network Function Virtualization)의
    구조와 특징을 비교 설명하시오. ······································ 186

61. 네트워크(Network) 가상화 기술인 VLAN(Virtual LAN), VPN(Virtual Private Network),
    NFV(Network Function Virtualization)를 비교하여 설명하시오. ·················· 191

62. A 기업은 신규로 클라우드 존을 구성하려고 한다. 다음에 대하여 설명하시오. ············ 195
    가. 다음 조건을 고려한 Cloud 공통 인프라(보안, N/W) 아키텍처 조건

> - IPS, 웹방화벽, L3 스위치, 방화벽, L4 스위치는 이중화로 구성
> - 네트워크는 백본망에서 직접 연계

나. 다음 조건을 고려한 Cloud 서버(Web, WAS, DB) 아키텍처 조건

> - N/W는 정보통신법에 의거하여 DMZ(DeMilitarized Zone) 존과 Internal Network는
>   망분리
> - Web 서버는 DMZ에 존재
> - WAS와 DB 서버는 Internal Network에 위치
> - Web 서버에서 DB 혹은 WAS 서버 접근 시 방화벽을 반드시 통과

63. 3-Tier Network 아키텍처의 장단점과 3-Tier Network 아키텍처의 단점을 보완한 Spine-Leaf
    아키텍처의 장단점을 설명하시오. ·· 201
64. Spine-Leaf 구조 ·· 205
65. 티밍(Teaming)과 본딩(Bonding) ··· 207
66. 네트워크 스토리지(Network Storage) ··· 209
67. iSCSI(Internet Small Computer Small Interface) ·· 214
68. NFS(Network File System), CIFS(Common Internet File System) ···························· 216
69. 엣지 데이터센터(Edge Datacenter) ··· 218
70. 뉴트론(Neutron) ·· 221

PART 5 클라우드 스토리지(Storage)

71. 스토리지 티어링(Storage Tiering) ··· 224
72. 프로비저닝(Provisioning) ·· 227
73. 스토리지 프로비저닝(Provisioning) ·· 229
74. 스토리지 풀(Storage Pool)에서 논리적 Disk를 생성, 할당, 확장할 때 고려되어야 할 사항과
    그 장점에 대해 설명하시오. ·· 234
75. 통합 스토리지(Unified Storage) ··· 239
76. 오브젝트 스토리지(Object Storage) ·· 241
77. Storage 유형(Block / File / Object Storage) ··· 244
78. DAS(Direct Attached Storage), NAS(Network Attached Storage), SAN(Storage Area Network)
    ·· 248
79. SAN(Storage Area Network) ·· 250
80. IP-SAN ·· 254
81. Disk를 병렬화 할 때 사용하는 미러링(Mirroring), 데이터 스트라이핑(Data Striping), 비트 레벨
    스트라이핑(Bit Level Striping), 블록 레벨 스트라이핑(Block Level Striping) 방법의 특징에
    대해 각각 설명하시오. ··· 257
82. RAID 5 ··· 261
83. RAID 0, 1, 5, 1+0 ·· 263
84. VTL(Virtual Tape Library) ··· 267
85. VTL(Virtual Tape Library) 유형과 활용효과 ··· 271
86. Open Stack Swift(오픈 스택 스위프트) ·· 273

PART 6 클라우드 보안(Security)

87. Cloud Computing 보안 ··· 278
88. SEcaaS(SEcurity as a Service) ·· 282
89. Cloud Computing의 멀티테넌시(Multi-Tenancy) 보안에 대하여 설명하시오. ···· 285
90. 클라우드 서비스 보안 인증(CSAP) ··· 287
91. ISO/IEC 27017 ··· 291
92. ISO/IEC 27018 ··· 293
93. CASB(Cloud Access Security Broker) ·· 295
94. Cloud Forensic(포렌식) ··· 297
95. Cloud 환경에서 기존 보안기술을 가상화 환경에 적용했을 때 한계점을 기술하고, 하이퍼바이저
    (Hypervisor) 기반의 가상화 침입 대응 기술에 대해 설명하시오. ··············· 301
96. BYOD(Bring Your Own Device) 보안위협과 해결방안 ······················ 306

PART 7 기반 기술

97. 오토 스케일링(Auto Scaling) ··· 310
98. 최근 부하분산을 위하여 클라우드 서비스에서 Auto Scale 기능을 많이 사용한다. 다음을
    설명하시오. ·· 312
    가. Auto Scale Up과 Auto Scale Out 아키텍처 비교
    나. 스케줄 기반의 Auto Scale과 부하 기반의 Auto Scale 기능 비교
99. Cloud Native(클라우드 네이티브) ··· 316
100. 클라우드 네이티브 어플리케이션(Cloud Native Application)-1 ·············· 318
101. 클라우드 네이티브 어플리케이션(Cloud Native Application)-2 ·············· 323
102. 마이크로 서비스 아키텍처(Micro Service Architecture) ····················· 328
103. 쿠버네티스(Kubernetes) ·· 330
104. 하이퍼바이저(Hypervisor)-1 ··· 332
105. 하이퍼바이저(Hypervisor)-2 ··· 335
106. 도커(Docker) ··· 338
107. 컨버지드 인프라(Converged Infrastructure) ································ 342

108. A기업이 HCI(Hyper Converged Infrastructure) 도입을 검토하고 있다. 다음에 대해 설명하시오. ·· 345

　가. HCI 개념
　나. HCI 특징
　다. HCI의 유형별 비교

109. 오픈 스택(Open Stack) ··· 349
110. 디지털 트랜스포메이션(Digital Transformation) ·· 354
111. VDI 도입 시 검사항목과 고려사항 ·· 356
112. VDI(Virtual Desktop Infrastructure) 프로토콜 ··· 359
113. VDI(Virtual Desktop Infrastructure) 효과와 리스크(Risk)에 대해 설명하시오. ············ 361
114. VDI(Virtual Desktop Infrastructure)의 기술요소와 VDI 선정 시 검사항목 ············ 365
115. 기업에서 현재 운영하는 전산실을 클라우드(Cloud)로 전환하는 것을 검토하고 있다. 다음에 대해 설명하시오. ·· 371

　가. Cloud 전환 시 선정기준과 고려사항, 평가항목
　나. Cloud 전환대상 분류 및 이행 절차

116. 정보시스템 구조 진단 방안 ··· 376

PART 1

클라우드(Cloud)의 개요

Cloud Computing, 특징 / 구성요소와 기술요소 / 서비스 / 핵심기술 / 주변기술, 인터 클라우드, 멀티 클라우드, 모바일 클라우드, 클라우드 컴퓨팅의 서비스 유형, Private / Public / Hybrid Cloud, Cloud Computing 서비스별 SLA 요구사항, 퍼스널 클라우드, 소버린 클라우드, 메타 클라우드, 서버 Based Computing 등 클라우드 컴퓨팅의 제반 사항을 학습할 수 있습니다. [관련 토픽 – 20개]

문 /)	Cloud Computing (클라우드 컴퓨팅)	
답)		
1.	가상화자원, 사용자 중심 서비스, Cloud Computing 개요	
가.	Pay per use service, Cloud Computing 정의	
	- 대용량 IT 자원을 필요에 따라 Internet을 통해	
	제공받고 사용한 만큼 비용을 지불하는 Computing 환경	
나	on-demand, Cloud Computing 특징	

사용자 중심 서비스	가상자원 활용, 최소 투자 비용 구축
탄력성, 동적할당	확장/축소 탄력 대응, Dynamic 할당
가용성, 측정가능	인터넷 환경 가용성, 미터링, 모니터링등

2.	Cloud Computing 개념도 & 구성요소
가.	Cloud Computing 개념도

인터넷 기반 IT자원 활용, Xaas + Utility 컴퓨팅 + On-Demand

나.	Cloud Computing 구성요소

구성요소	설 명	위치
사용자 인터페이스	End user와 Cloud 간 인터페이스	End user
System 관리	사용 가능한 IT자원 효율적 관리	Cloud Computing
서비스 Catalog	사용자 요청 서비스 List	
프로비저닝 툴	요청 서비스에 필요 자원 할당	

| | | 미터링, 모니터링 | 사용자에게 할당되는 System 측정 | 서비스 |
| | | Servers | 물리 & 가상 서버 | 제공자 |

3   Cloud Computing Service 적용유형

분류	설 명	적용형태
IT	Computing Infra 가상 자원 제공	IaaS
자원분류	APP. 개발 Tool & Framework 제공	PaaS
	사용자에게 웹 접속 통한 S/W 임대	SaaS
서비스	이용 무제한, Pay Per Use 구조 공용인프라	퍼블릭 Cloud
개방분류	방화벽 내 사용가능, 프라이버시 보장	사설 Cloud

"끝"

문 2) Cloud Computing의 특징

답)

1. Internet 통한 IT 자원 서비스, Cloud Computing 개요

가. Cloud Computing의 정의

  - 서버, 스토리지, S/W등 IT 자원들을 구매/소유하지 않고 필요시 Internet을 통해 On-Demand 서비스 형태로 사용

나. Cloud Computing의 탄생

1980	1990	2000	2010~
Grid 컴퓨팅	Utility Computing	S/W as a Service	Cloud Computing
대용량 컴퓨팅 리소스	과금 형태의 Service	서비스 제공자의 서버에 저장된 S/W를 인터넷 통해 서비스	S/W의 IT 자원을 서비스 형태로 제공

2. Cloud Computing의 특징

특징	설명
확장성	Scale-In, Scale-Out 지원
탄력성	서비스 & 시간에 따라 원하는 만큼 IT 자원 사용
On-Demand	사용자 요구 시점에 언제든지 서비스 제공
Pay-Per-Use	사용한 만큼 비용(과금)을 지불
Always-on	On-Demand, 365일 × 24시간 Service
표준 IT 기반	서비스 제공자는 현존 IT 기술 표준 준수
IP망 사용	HTTP, REST, SOAP 등 IP망에서 가능
Web & 프로그램 기반 제어	웹(Web)기반 Computing Protocol 활용, 표준 Web 브라우저와 Web 표준 프로그램 지원

3	Cloud Computing 구성시 고려사항	
	형태	설명
	확장성	사용하는 부하에 따라 사용자(End-user)의 가상 System을 신축성 있게 확장가능
	가용성	On-Demand Service를 위해 IT자원 결함이나 문제(Issue) 발생시 대쳐방안 필수
	신뢰성	Process의 적합성 판단과 사이버 침입 방지에 대한 보안(Security) 기술 이행
	활용율	Infra를 구성하고 있는 자원(Resource)들에 대해 집약적으로 운영할수 있는 기술 필요

"끝"

문 3)	Cloud Computing의 구성요소와 기술요소	
답)		
1.	On-Demand, Cloud Computing의 정의	
	- 언제, 어디서나, IT자원을 서비스 형태로 제공 받음	
	Cloud	IT자원 + XaaS (SaaS + PaaS + IaaS), Utility 컴퓨팅 (Pay per Use) + On-demand, + 표준 등
2.	Cloud Computing 구성도와 구성요소	
가	클라우드 컴퓨팅 구성도	

	- IT자원 (Computing, 스토리지, S/W, N/W)들을 고객이 원하는 시점에 사용하고 비용을 지불 (Pay Per Use)하는 구성	
나	클라우드 Computing의 구성요소	

구성요소	설 명
UI	Cloud 사용자와 Cloud 간의 Interface
서비스 목록	사용자가 요청할수 있는 Service의 List
시스템관리	사용가능 Computing & IT자원의 효율적 관리
Provisioning Tool	사용자가 요청한 Service를 수행하기위해 Cloud로부터 Computer 자원을 할당
Servers	시스템 관리 Tool에의해 관리, 가상 & 실제 서버

	Monitoring Metering	Computer 자원이 특정한 사용자에게 할당되어 사용되는지에 대한 Cloud 전반의 Tracking	

3. Cloud Computing 기술요소

구분	개념	기술요소
가상화기술	전산자원의 논리적 분할	Hypervisor
분산처리	대용량 Data의 분산처리 기술	MapReduce
프로비저닝	실시간 자원 제공(필요한 만큼)	자원 제공
유틸리티	사용만큼 비용지급	Metering
SLA	서비스 수준등의, 정량화	SLA 체제
보안	민감정보 저장시 보안 대책	방화벽 등
Open Interface	정보 공유 Interface (확장등)	Open API
다중공유모델	여러 사용자 그룹이 분리사용	SaaS

- On-demand, 동적 자원 할당, 신속성, BroadBand,

서비스 과금 체계등의 특성 충족위해 위의 기술요소 필요

"끝"

문 4)	Cloud Computing 서비스와 핵심기술		
답)			
1.	Cloud 컴퓨팅의 서비스 대상과 서비스 종류		
	Cloud	Public	일반 사용자를 대상, 제공되는 서비스
	서비스	Private	기업내의 내부사용자 대상 서비스
	대상	Hybrid	Private에서 공공 Cloud를 활용하는 방식
	Cloud	SaaS	응용 Software를 서비스로 제공
	서비스	PaaS	Software 개발환경을 Service로 제공
	종류	IaaS	서버 Infra(CPU, Disk등)를 Service로 제공
		BaaS	모바일 앱이 필요로하는 서버의 기능을 API로 제공
2.	Cloud Computing의 6대 핵심기술		
	기술	설명	
	서버가상화	하이퍼바이저이용 물/논리적 가상머신, Vmware등	
	가상서버/관리	Provisioning, 자원할당기술, 가상서버 관리	
	분산 Storage	대용량 분산 저장의 동시 Read/Write 가능	
	병렬 처리 기술	N/w 형식의 Clustering, 수치해석, 스케줄링 등	
	대용량 Cloud	확장용이성 고려 배럴구조	
		물리적 H/w연결, Cloud Computing의 원가 절감	
	Cloud 기반의	-대규모 Traffic 처리	
	CDN 처리기술	-무결성 보장 대용량 Download 기술	
		-QoS 보장기술, Progressive 다운 기술	
3.	Cloud Computing의 9대 주변기술		

기술	설명
Open API	가변적인 서비스 스케일 제공
Monitoring	SLA 기반한 자원, 성능모니터링, 트래픽 등
Billing	Utility Computing 기반의 과금 기술
N/w 가상화	VLAN 기술 이용, 논리적 N/w 재구성 & 가용성↑
Cloud 서비스보안	XaaS간의 물/관/기술적 보안 기술 제공
SLA관리	성능모니터에 의한 (근거) 성능 지표 관리
P2V, V2V	physical to Virtual, virtual to virtual 변환
가상 private클라우드	개인별 QoS를 제공하는 가상화 개인 제공서비스
모바일 Cloud	내/외부 platform 연계 실시간 스트리밍 Data 활용

"끝"

문 5) Cloud Computing 공통개념과 6대 핵심기술, 9대 주변 기술에 대해 설명하시오.

답)

1. Cloud Computing 의 공통개념 (정의)

정의	-UI를 통해 사용자가

Catalog에서 원하는 서비스를 선택 시스템관리는 요구에 맞는 자원을 검색 Cloud에서 필요한 자원을 가져오는 프로비저닝 서비스를 호출하는 서비스 Infra

<Cloud 서비스 아키텍쳐>

2. Cloud Computing의 6대 핵심기술

기술	설명
서버 가상화 기술	-하이퍼 바이저 이용 물리/논리적 가상머신 기술 - Vmware, Xen, KVM등
대용량 Cloud 컴퓨팅 Infra 기술	-확장용이성을 고려한 배럴 구조와 산위 -물리적 Hardware 연결 Cloud Computing의 원가 경쟁력
가상서버/ 관리기술	Provisioning, 자원할상기술, 가상서버등 이동 & Backup/Recovery 기술
Cloud 기반 CDN 처리 기술	-대규모 Traffic 처리 서비스, 무결성보장 -대용량 up/download 적용 -QoS보장 성능및 CDN처리 기술

		분산스토리지	대용량 분산 저장, R/write 가능
		병렬처리기술	Network 형식의 Clustering, 수치해석, 스케줄링(Job, Event 처리), 병렬 알고리즘
3.		Cloud Computing 9대 주변기술	

기술	설명
Open API 기술	가변적인 서비스 스케일 (Scale-In/out) 제공을 위한 Open API 기술
Monitoring 기술	SLA에 기반한 Resource(자원), 성능의 모니터링기술, Traffic Monitoring 등
Billing 기술	Utility 컴퓨팅, Pay-per-Use.
N/W 가상화기술	VLAN기술 활용, 논리적 N/W 재구성 & 가용성향상
Cloud 서비스보안	XaaS간의 관/물/기술적 보안 기술 제공
SLA관리기술	성능모니터에 의한 정량적 성능저도 관리
P2V, V2V	Physical to Virtual, Virtual to Virtual변환
가상 Private클라우드	개인별 QoS 제공하는 가상화 개인 제공 서비스
모바일 Cloud	내/외부 platform 연계 실시간 스트리밍 Data전송

"끝"

문 6)	Cloud Computing의 핵심 및 주변 기술		
답)			
1.	인터넷 통한 IT자원 사용, Cloud Computing 개요		
가	On-demand, Cloud Computing의 정의		

- Internet 기술을 활용하여 고객이 원하는 즉시 (On-demand) IT 자원을 Service로 제공하고, 사용한 만큼 지불(Pay-per-Use)받는 Computing 환경

나. Cloud Computing의 특징

구분	주요 특징	설 명
Biz 측면	확장성	사용자 수요고려, 확장성 & 유연성 추구
	Pay-per-Use	사용자는 사용한 만큼 비용 지불
	표준화된IT기술	H/W, S/W등 표준 형태로 제공
기술적 측면	Web기반기술	HTTP, REST, SOAP등 웹기반기술
	사용자 Self-서비스	공급자 없이 사용자 직접 자원 사용

2.	Cloud Computing의 구성도 및 구성요소		
가	클라우드 Computing의 구성요소		

구분	구성요소	설 명
사용자	User I/F	Cloud - 사용자와 간 Interface
Cloud Computing	서비스 카타로그	사용가능한 Service 목록
	시스템 관리	IT자원 효율적 관리위한 요소
	프로비저닝 Tool	서비스 제공위한 IT자원 할당도구

서비스	Monitoring	사용자에게 할당된 IT자원의
제공자	&Metering	모니터링 & 사용량 추적 System
	Server	IT자원 보유하고 있는 가상&실제서버

4. Cloud Computing의 구성도

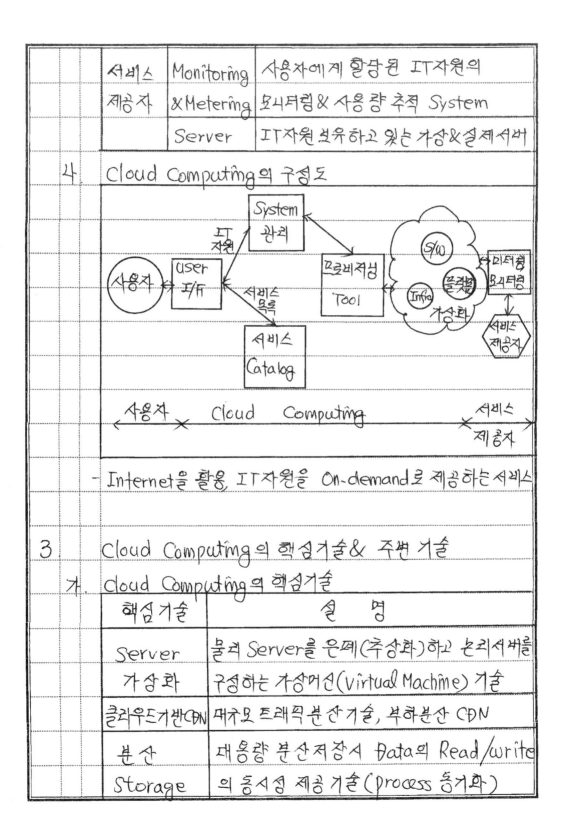

- Internet을 활용, IT자원을 On-demand로 제공하는 서비스

3. Cloud Computing의 핵심기술 & 주변기술

가. Cloud Computing의 핵심기술

핵심기술	설명
Server 가상화	물리 Server를 은폐(추상화)하고 논리서버를 구성하는 가상머신(Virtual Machine) 기술
클라우드기반CDN	대규모 트래픽분산 기술, 부하분산 CDN
분산 Storage	대용량 분산저장시 Data의 Read/write 의 동시성 제공 기술 (process 동기화)

		IT자원	자원 할당(Allocation) & 가상서버의	
		제공/관리	이동/Backup 관련 기술	
		병렬처리	Clustering, SPMD(Single Program Multi-Data), 스케줄링등 Network 관련 기술	

	4	Cloud Computing의 주변 기술		
		주변 기술	설 명	
		Open API	서비스의 확장성 제공위한 API 기술	
		Monitoring	자원, 성능등 관련 Monitoring 기술	
		Billing (Monitoring)	유틸리티(Utility) Computing 기반의 사용량 측정 & 과금기술 (Pay-Per-Use)	
		Network 가상화	Logical(논리적) Network 재구성 & 가용성 향상을 위한 VLAN 기술	
		보안	물리적, 관리적, 기술적 보안위한 기술	
		SLA 관리	모니터링 결과에 근거한 성능지표 관리 기술	
		P2V, V2V	물리와 가상(Virtual)개념의 상호변환 기술	
		VPC	Virtual Private Cloud, 사용자별 QoS 제공	
		Mobile cloud	모바일 기기의 내/외부 platform간 데이터 전송을 위한 연계 기술	

	4	Server 활용에 따른 비교		
		구분	Cloud	Web 호스팅	서버 호스팅
		목적	유연한 서버 활용	소규모 웹 운영	대규모 웹 사이트

			웹/모바일 업체	Homepage 운영자	대형 쇼핑몰 업체
		주사용자	개발 Test 업체	Blog 운영자	ERP 운영자
			단발성 Event 처리	커뮤니티 운영자	인트라넷 운영자
		서버 이용방식	가상 서버 임대	물리 서버 임대	물리 서버 임대/구매
			단독 사용	공동 사용	단독 사용
		초기구축	X	X	O
		과금	Pay-per-use(후불)	월 정액	설치비 & 월 정액
		서버 관리권한	관리자 권한	사용자 권한	관리자 권한
			조정 가능	조정 불가	조정 가능
		관리인력	필요	필요없음	필요

"끝"

문	7)	인터클라우드 (Inter-cloud)	
답)			
1.		Cloud의 cloud, Inter-cloud의 개요	
	가	Cloud 간의 연결성, Inter-cloud의 정의	
		'N/W'의 'N/W'이 인터넷인 것과 같이 'cloud'의 'Cloud'	
		가 곧 Inter-cloud로 cloud간의 연결성의 의미	
	나	Inter-cloud의 등장배경	
		보안 부족	공용 Cloud 보안에 대한 제한적인 통제 필요
		일관성 결여	일관성 없는 Networking & 관리도구 필요
		선택의 결여	다양한 작업형식, 특정 공급자에 대한 종속 극복
2.		Inter-cloud 구성도 & 유형	
	가	인터클라우드의 구성도 (예시)	

		Inter-cloud 모델 통해 이기종 cloud Infra를 하나로 연결	
	나	Inter-cloud의 유형	
		대등 접속	Peering, 두 Cloud 서비스 제공자간의 직접 연계
		연합 (Federation)	CSP간의 자원공유기반 사용자 Cloud 사용요청에 따라 동적자원 확장 지원, 논리적 하나의 서비스
		중개 (Intermediary)	복수의 CSP간의 직/간접적 자원 연계 & 단일 서비스 제공자를 통한 중개 서비스 제공

3		Intercloud와 유사 cloud 비교	
		Inter-Cloud	- 서로 독립된 Cloud간 상호 연계성 강화 - 파트너 생태계가 생성전에 Hybrid cloud 단계
		하이브리드-Cloud	- public과 private cloud 연동해 함께 사용 - 다양한 배치 형식의 cloud를 하나로 이용하는 것
		Multi-Cloud	- 단일 기업이 여러 cloud 서비스를 하나의 환경에서 사용 - 보안 & 거버넌스 등 복잡성은 사용 기업이 해소
		Meta-Cloud	- 여러 cloud Infra를 엮어 메타 서비스를 프로비저닝 할 수 있는 cloud. -Multi-cloud의 서비스 업체

"끝"

문 8) 멀티 클라우드 (Multi-cloud)

답)

1. Multi-cloud 의 개념과 필요성

가. 상호운용성, Cloud 탄력성 확보, Multi-cloud 개념

- 둘 이상의 Public & private cloud 사업자의 Computing & Storage 서비스를 사용하여 Cloud 간 연계와 상호 운용성, 탄력성을 보장하는 Cloud 기술

나. Multi-cloud의 필요성

기술 의존성 (Lock-in)	Multi-Cloud ▷	Cloud 차원 HA 구성
이슈 자체 대응 불가		다양한 대안 수립
조직별 다양한 특성		Shadow IT 예방 / 강화
단일 Cloud의 문제점		Multi-cloud의 필요성

- Multi-cloud 는 Hybrid cloud와 달리 모든 서비스에 대해 둘 이상의 public cloud & 둘 이상의 private cloud 사용

2. Multi-cloud의 특징 설명

구분	특징	보완 설명
Cloud 공급자 Lock-in 탈피 측면	기존 기술 의존성 탈피	- 다양한 대안의 조합
	전략적 Service 사용	- 라이센스, 구독 형태
	Cloud 공급자 (CSP) 의 협상 경쟁력 확보	- ROI, 규모의 경제 가능
		- 협상을 통한 비용 최소화
		절감, 다양한 Infra 지원

		Cloud 상호운용성 & HA 측면	Cloud 서비스간 상호운용성 보장	-표준기반 호환성 확보 -Cloud간 연계 가능
			가상머신 스냅샷 기반 상호 Backup 체계	-VM 스냅샷 호환성 확보 -Cloud 고 가용성 확보
		실시간 컨테이너 마이그레이션 측면	실시간 Container Live Migration	-무중단 서비스 컨테이너 -쿠버네티스 오케스트레이션
			실시간 Container 적용 그로스 해킹 최적화	-멀티서비스&서비스 출시단축 -A/B test, 핵심지표지속생성
		Cloud간 서비스 탄력성확보 측면	최소비용 자원 확보로 Service 탄력성 유지	-실시간 과금 비용 비교 -최저비용 cloud 선택
			Cloud 기반 BCP 체계 구축	-Cloud간 Backup/복구체계 -BS25999, RTO/RPO 적용
		조직특성 다양성 보장측면	Self Service Store 최적 도구 사용	-Shadow IT 예방 가능 -실행도구 표준화 가능
			MSA API 서버기반 Polyglot 환경 확보	-Cross Compiler 환경 제공 -NoSQL등 다양한 환경제공

- Multi-cloud의 특징으로 Lock-in 탈피, 상호운용성 확보, Real-time, 서비스 탄력성, 다양성의 특징

3 Multi-cloud 구축시 고려사항

가 Cloud 연계관점의 고려사항

구분	고려사항	달성방안

		분산	배포시. 개체위치	-URL기반 경로 최적화 기술
		App	최적화/자동화 수행	적용, 최적 Access 위치탐색
		서비스	가상 멀티 테넌시	-오버레이 N/W 적용
		연계측면	컨테이너 Service 적용	-Service Orchestration
		Xaas	Contents as a Service	URI 기반 RESTful API 적용
		ρ러링	기반 Service 제공	-object 스토리지 사용
		연계측면	I/P/Saas 연계	-부하/배포/과금기술 연계
			서비스 프로비저닝	-Thin-프로비저닝기반 탄력확보
	나	Multi-cloud 보안성확보 관점의 고려사항		
		구분	고려 사항	달성 방안
		멀티레이어	기초 계층 Data 암호화,	-AES, SHA-2, RSA 암호화
		보안성	인증 적용	-IAM 기반 자원 접근 통제
		확보측면	응용 계층 가상화	-SEaas 기반 CASB 연계
			NFV 보안기능 적용	-vFDS등 VNF 기반 보안강화
		데이터	Data 중요도별 접근	-Data 접근원천 봉쇄
		보호 &	제어(가능자 분리)	-Bell-Lapadula 모델 적용
		흐름 가시화	능동형 URL 기반	-App 접근하는 URI 경로 감사
		측면	감사 가시화 적용	-가상화 DPI 기반 페이로드 분석
4.		Multi-Cloud 서비스 동향 & 전망		
	가	Multi-Cloud 서비스 동향		
		- 최근 글로벌 Cloud 서비스의 리전(Region) 장애로 단일		

Cloud의 Backup부재, 신뢰성, 기술적 의존성(Lock-in) 등 단일 -Cloud 사용시 문제감 부각됨

- 글로벌 Cloud 공급자와 지역 Cloud 공급자간 상호 Back-up 등 Cloud Service 간 상호연계한 Multi-cloud 서비스 활성화가 요구됨

4 Multi-cloud 서비스 향후전망

- 데이터 흐름 가시성 확보의 어려움 등으로 인해 정보침해 등 보단 사고시 피해최소화 여부가 Multi-Cloud 서비스 활성화를 결정할 것으로 전망됨

"끝"

문 9)	하이브리드 클라우드 (Hybrid cloud)
답)	
1.	Private ⊕ public cloud 결합 Hybrid cloud 개요
가	상호호환, 하이브리드클라우드의 정의
	- 데이터와 Application이 상호호환될 수 있도록 On-Premise/private cloud와 public cloud를 결합형태
나	Public과 private cloud의 Connection. 개념도

Hybrid cloud

Public Cloud ← Data 연결 Application → Private cloud

	- 내부 서비스 & Mission Critical 업무는 On-premise나 Private cloud에 적용, 외부서비스 & 일반 업무는 public에
2.	Hybrid cloud의 구성요소 & 활용
가	하이브리드 cloud의 구성요소

구분	구성요소	세부설명
Computing	SDC, SDS, SDDC, VII, SDN등	S/W Defined 기술
결합요소	On-premise, public/private	업무별 서비스분리
통합 서비스 측면	CSB, CSP, Multi-cloud, 클라우드 익스체인지 서비스	Broker등 통한 다양한 서비스
오케스트레이션	쿠버네티스, AMQP, Rabbit MQ	오케스트레이션
N/W측면	DWDM, 광대역 Internet	VPN등 Cloud간연결

4.	Hybrid Cloud의 활용		
	Biz 측면	소셜/모바일연계	재발/Test / produd - 작업요구사항의 독립성
	IT인프라 측면	Private → Public Data Sync 재난복구	Public → Private Backup/아카이빙

- Mission Critical Service의 Cloud 전환에 대한

  심리적 불편함 해소 & 장애/재난 복구 가능

3. Hybrid Cloud 활용시 고려사항

- Public Cloud 경우 특정 Vendor 기술 종속성 (Lock-in)

  해소 위한 Multi-Cloud 활용 필요

- Cloud SLA 기반의 품질 지표 정립

- Private Cloud의 빠른 구축 & 성능 확보위한 HCI 도입고려

"끝"

문10) Mobile cloud

답)

1. 개인형 cloud, Mobile cloud 의 개요

　가. Mobile cloud Computing 정의
　- Internet 상에 각종 Contents를 저장하고 언제,
　 어디서나 폰 같은 Mobile 기기로 이용하는 cloud 서비스

　나. Mobile cloud 특징 (PC less, 강력한 보안(USIM))

2. Mobile cloud의 개념도 & 구성 설명

　가. Mobile cloud의 개념도

- Smartphone/Tablet 확산과 cloud Computing의 결합

　나. Mobile cloud의 구성

구분	구성요소	설명
서버	Data스토리지	사용자 Data 동기화, 저장 & 서비스
platform	인증 & 과금	Cloud 서비스 요금 정산 & 사용인증

			온라인 마켓	Client 단말 플랫폼 자운로드, 설치지원
	단말	응용서비스	E-mail, Multi-media, 자원&문서등
	Platform	모바일 Device	스마트폰, N/B, Tablet, 인증&서비스

3.　Mobile cloud와 기존 cloud 비교

구분	기업 Cloud	Mobile Cloud
대상	기업, B2B 중심	개인, B2C 중심
서비스	Iaas, Paas, Saas등 다양	스토리지, 단말 중심
비용	종량제, 과금방식	무효, 광고기반
이슈	Compilance 중심	역방향 성장 중심
사례	M/S의 Azure, Amazon의 EC2 등	Apple icloud, Mobile me, 다음 cloud 등

"끝"

문 11) Cloud Computing 서비스 유형 (전개모델)

　　가. 클라우드 컴퓨팅의 계층구조

　　나. 클라우드 컴퓨팅의 서비스유형 개념도 및분류

　　다. 클라우드 컴퓨팅 서비스유형 비교 (public vs private)

답)

1. Cloud Computing의 계층구조

Platform	Software	Infra.
Google App engine	Google App ·Apple	Amazon EC2&S3
PaaS	SaaS	IaaS

Cloud Computing
Utility Computing
Grid Computing

Cluster Computing	Super Computing

- Cloud Computing을 위한 별도의 신기술이 존재 하기 보다는 이미 존재하던 기술들의 새로운 결합(Combine) &연합으로 보는 견해.

2. Cloud Computing의 서비스유형 개념도 및 분류

　가. Cloud Computing Service 유형 개념도

- 배치 방식 & 소유 방식에 따라 private, public, Hybrid cloud 등으로 구분

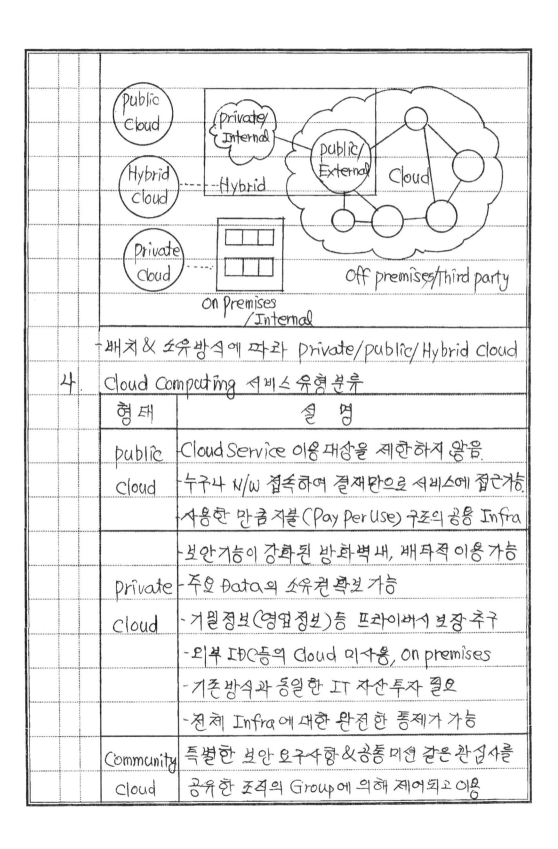

- 배치 & 소유방식에 따라 Private/Public/Hybrid Cloud

4 Cloud Computing 서비스유형분류

형태	설명
Public Cloud	-Cloud Service 이용대상을 제한하지 않음
	-누구나 N/W 접속하여 결재만으로 서비스에 접근가능
	-사용한 만큼 지불(Pay Per Use) 구조의 공용 Infra
Private Cloud	-보안기능이 강화된 방화벽내, 배타적 이용 가능
	-주요 Data의 소유권 확보 가능
	-기밀정보(영업정보)등 프라이버시 보장추구
	-외부 IDC등의 Cloud 미사용, On premises
	-기존방식과 동일한 IT 자산투자 필요
	-전체 Infra에 대한 완전한 통제가 가능
Community Cloud	특별한 보안 요구사항 & 공동 미션 같은 관심사를 공유한 조직의 Group에 의해 제어되고 이용

			Hybrid cloud	- 상호 운용 가능 (private + public)
				- On premises + off premises
				- 공공/사설 Cloud 의 조합으로 구성
				- 영업정보 & 보안 Data는 private, 나머지는 public

3. Cloud Computing Service 유형비교 (Public vs Private)

구분	Public Cloud	Private Cloud
구축 방식	CSP(벤더)가 구축한 서버, 스토리지등의 IT인프라를 기업들이 사용료 내고 이용	자체적으로 Data Center안에 Cloud 환경을 구축해 사용하는 방식
장점	- 서비스구현속도 향상 - 서비스 융통성강화 - 대규모 서비스로 서비스 구축 비용을 낮춤 - 규모의 경제 실현통한 서비스 Access 비용절감 - 사용자들이 별도로 서버 구축할 필요없이 비용와 자원등의 부담감소	- 내부 통제 가능 - 기업의 정보자산을 자체 유지보관해 보안성 확보 가능 - IT서비스 내부효율성 향상 - IT서비스를 원하는 형태로 사용자의 환경에 맞게 직접구성해 제공 - IT인프라(기존)대부분 재활용 - 맞춤형 서비스 구현
단점	- Server Hacking시 개인 정보유출 가능성존재 - 장애시 자료이용불가능	- 구축비용 높음 - 일부 IT인프라 활용가능 - 항상 접근제어 관리필요

"끝"

문 12)	Private, public, Hybrid Cloud
답)	
1.	사설(private)/공용(public)/하이브리드(Hybrid) Cloud의 개념
-	IT자원 Host(H/W, S/W)을 통해 사용자가 On Demand (원하는 즉시). 사용하는 만큼 비용을 지불하는 (Pay Per Use -utility Computing)을 적용하고 서비스기반으로(Xaas) 가상화(H/W, Storage, NW등) & CSB (Cloud Service Broker)을 통해 private, Public, Hybrid 유형으로 서비스하는 통합 기술
2.	private, public, Hybrid Cloud 구성도

① private (기업/개인) ② 공용 cloud ③ private + publi
(방화벽 / 사설 private Cloud / 자체구축 / 기업/개인 / 하이브리드 Cloud / Cloud Computing / public Cloud / PMO,보안 / AWS등)

| 3. | 사설(private), 공용(public), 하이브리드(Hybrid) Cloud 의 설명 & 사례 |

유형	설 명	사례

		사설, private Cloud	-기업내의 내부사용자 대상 서비스제공	
			-보안기능 강화된 방화벽 내에서 사용	-기업자체
			-데이터 소유권 확보	IDC
			-프라이버시 보장받고자 할때 구축	-단독조직
			-기존방식과 같은 IT자산투자 필요	으로운영
			-전체 Infra 완전한 통제 가능	하는 Cloud
			-대규모 투자비용 소요	Infra.
			-Data/Infra 통제로 보안 강점	
		공용, Public cloud	-일반사용자를 대상으로 제공서비스	-다음 Cloud
			-대부분 Pay as you Go (사용만큼 지불)	-Naver
			-누구나 Internet/Network 접속하여	N 드라이브
			결제후 서비스에 접근	-G-cloud
			-초기투자 비용 없음 -경제적	-i cloud(Apple)
			-Service 제공자 의존도 큼	-MS애저
		하이브리드, Hybrid	-private + public cloud	-고객 정보는
			-상호운용 가능한 공공/사설 cloud 조합	private
			-비즈와 관련 중요하거나 보안 필요시	BIC(Biz
			private cloud 통제하에 이용	자산)는
			-덜 중요 정보 처리는 public cloud로	SaaS로제공
			-서비스가 사설, 공용(공공), 커뮤니티로	-private
			조합되고 서로 다른 서비스 공급자	와 public
			(Service provider)의 조합	조합

		커뮤니티 Community 클라우드	- 보안, 컴플라이언스의 관심 사항을 바탕으로 Community Infra 구성	-보안 커뮤니티
			- 특정한 보안적 요구사항, 공통의 임무와 같이 동일한 관심을 가진 기관들로 구성된 Group에 의해 운영되고 사용	-관심 사항 공유 커뮤니티 -PMO 커뮤니티
			- Group의 구성원들은 Cloud의 Data와 Application을 접근/공유	

"끝"

문13) Cloud Computing 서비스별 SLA 요구사항			
답)			
1.	Cloud Computing 서비스별 SLA 요구사항		
	Xaas	요구사항	
	IaaS	- System (Infra) 관리자의 수작업 최소화	
		- 작업자 개입 최소화, 정의된 Service 빠른제공	
		- 자동화(전산화)된 process에 의해 처리등	
	PaaS	- API 제공: 개발&Test도구, DBMS, Middeware등	
		- 개발환경에서 개발된 응용 program 실행	
		- platform 차원의 서비스 제공과 S/W환경 제공	
	SaaS	- Biz Application S/W 제공	
		- 업무지원 Software 제공, S/W 제공	
		- PaaS, IaaS 등 하위 Infra형은 별도관리 불필요	
2.	Cloud Computing 서비스별 상세 SLA 요구사항		
	Xaas	구분	설 명
	IaaS	Process 자동화	IT자원의 Digital 화, System 관리자의 수작업 없이 신속 처리가능
		부하관리	Infra자원의 부하측정&관리와 다양한 요청에 수행하는 기능 제공
		과금	사용량 기반 과금 기능제공
	PaaS	SDLC지원	개발& Test도구와 S/W 실행환경제공
		S/W라이선스	S/W라이선스 관리 기능 보유

			Platform 실행	Appl. 실행할수있는 platform 제공
		Paas	process 자동화	IT 자원의 자동화 통한 System 관리자의 수기 작업없이 신속 처리
			부하관리	Infra 자원의 부하측정 & 관리와 요청 & 자동으로 확장/축소 기능
			과금	사용량 기반 과금 기능 제공
		Saas	접근성 (Accessibility)	Internet 접속환경, 사용자의 Self. 서비스, 다양한 단말환경 지원
			확장성 (Scalability)	수요 대응 탄력성 & 확장성이 높은 인터넷 환경 Appl. 제공
			가용성 (Availability)	안정성 & 자원 최적화를 통해 높은 수준의 Service 신뢰 제공
			사용량 과금 (pay per use)	사용자는 S/W와 Application을 사용량기반으로 과금 기준

- Iaas, Paas, Saas 서비스별 특성과 환경, Biz 업무등을 고려한 SLA 요구사항 설정 필요

3   Cloud Computing 유형별 서비스 카탈로그 작성 가이드
- 사용자에게 제공된 서비스의 경우 정의된 기준(SLA)에 의해 부하가 관리되어야 하며 최종 사용자의 사용량 만큼의 비용청구 정의 & 서비스내용 담은 카탈로그 설계 필요

			유형	서비스 카탈로그 작성 가이드
			Iaas	-상세 항목으로 정의, Service 모든 내용 포함

		IaaS	- 기본 서비스 제공 단위, 부가 서비스 종류
			- 과금 방식, Service 형태의 카탈로그 제공
		PaaS	- 정의된 기준 (SLA, policy)에 의해 관리
			- 사용량 만큼 비용 청구 가능토록 설계, Pay per use
			- 서비스의 명확한 설명, 이용절차, 대상 제공 등
		SaaS	- 다양한 Application 제공 (SW 하위 Infra 형포함)
			- 하위요소에 대한 상세 항목은 제외
			- 서비스와 Appl.의 가용성으로 평가 가능토록 구성

"끝"

문14) Personal Cloud (퍼스널 클라우드)

답)

1. 개인 사용자 특성 고려 맞춤형 서비스, Personal Cloud의 개요

　가. 사용자 중심형, Personal Cloud의 정의

　　서비스 제공자 & 사용자 단말에 독립적으로 사용자 정보 기반의 개인화된 Contents를 제공하는 사용자 중심형(User-Centric) Cloud Service

　나. 개인 맞춤형 서비스, 퍼스널 Cloud의 특징

| 호환성 | 이용성 | 개인화 | 연동 |
| Device간 호환 | Internet 기반 | Contents 제공&관리 | Saas와 개인 콘텐츠간 |

2. Personal Cloud 개념도 & 서비스 분류

　가. Personal Cloud 개념도

카테고리 : 온라인 스토리지 — Web기반 Appl. — Webtop   3개 Service 카테고리

필수 서비스 : 프라이버시 서비스 — 개인화 콘텐츠 서비스   2가지 필수 서비스

Personal Cloud (퍼스널 클라우드)

- personal Cloud는 3가지의 서비스 카테고리와

2가지 필수서비스가 필요

4. Personal Cloud Service 분류

구분	내용 설명
On-Line Storage	-On-line storage - Internet 연결된 어느 곳에서나 사용가능하고 사용자에게 보안이 필요한 정보 저장 공간제공 - 향상된 Data 전송속도 & 정보보호기술을 바탕으로 On-Line 저장소의 중요기술급증(성능등)
Web 기반 Application	-Web-Based Applications - 사업자는 사용자 PC에 설치 설치 필요 없는 Application (Host S/W)을 제공 - 사용자가 원할시 언제든지 서비스 제공 - pay per use, 구독료 지불과 동일 - 대역폭 향상과 정보 전송속도의 증가로 발전중
Webtop	-Webtop - 사용자가 소유하고 있는 고사양 PC를 Internet이 연결된 장소에서 재현하는 기술 (동일 사양) - Web으로 Desktop의 GUI를 이용가능함 - 웹브라우저에 임베디드된 Desktop환경

3. Personal Cloud의 필수기술요소

구분	내용

		개인화 콘텐츠 관리기술	① 서비스간 콘텐츠 통합 기능: 통합저장 & 관리	
			② Contents 동기화 기능: 다양한 Cloud 서비스와 Device간 Contents 연계/동기화 기능	
			③ Contents 공유 기능: 각 Cloud 서비스 콘텐츠를 OpenAPI 이용, Cloud 서비스간 상호운용성 제공	
		개인정보 보호기술	개인 사용자 정보와 개인 Data (동영상, 사진, 파일등) 보호를 위해 사용자, 서비스 제공자, Data 감사자 (Auditor)간 Data 이중암호화 통한 Data 유출 & 유실시 안전하게 개인 Data 보호가 가능	

"끝"

문 15)	Sovereign cloud (소버린클라우드)
답)	
1.	Cloud 환경에서의 Data 주권 확보, 소버린 cloud 개요
가	국가의 Data 통제, 소유권, 자주성 확보, 소버린 cloud 정의
-	'자주적 독립적인' 의미로 현지 법률과 규정을 준수하여
	Data 접근이 이루어지도록 설계하고 구축된 cloud
	Computing 아키텍쳐
4	Cloud 소버린 (Sovereign)의 필요성

나 아래 다이어그램:

Data 중요성증가 / cloud 사용증가 / 보안정보 공공데이터 관리필요 / 해외 Cloud 업체 기술(CSP) / cloud 데이터 통제권 확보불가

↓ Cloud 데이터 주권확보

Data 주권확보 / 강화된 보안 / 높은 서비스 가용성 / 국가,조직 특성충족

-	자국 Data 보호 & 국가별 개인정보 규율 적용문제에
	따라 Sovereign cloud 부각
2.	Sovereign 구성및 소버린 cloud 주요기능
가.	소버린 Cloud의 구성

소버린 Border

기관

Private Cloud ← VM
VM → 소버린 Cloud

Cloud
Public cloud 1

암호화된 Data
소버린 KMS

Cloud
Public cloud 2

- 자국의 법률 & 규제를 준수하는 전용 Cloud 사용으
Data 주권 확보 (Data 활용과 각국 규제 준수가능)

나. Sovereign Cloud 의 주요기능

구분	설 명	핵심
소유권 강화	Data 통제권 & 소유권 강화, 각국 현지 규정과 법률 준수	Data 관리, 제어
강화된 보안	암호화, Access 제어, Network 세분화 등 강화된 보안조치 제공	기존 대비 보안강화
높은 Service 사용성	CSP 제공업체보다 더 높은 서비스 가용성과 안정성 수준 제공	사용기관 근접구축
국가 & 조직특정 요구사항충족	규정준수 요구사항, Data 저장& 처리기능 등, 특정 요구사항 충족	고유 규정& 요구사항충족

- 이를 이용해 중요 물리적 관리 & 규제 Compliance 대응

3. 소버린 Cloud 구축절차 & 도입시 고려사항

가. 구축 절차

구분	설 명	핵심
1단계	암호화 키 도입을 통한 Data 통제권	Data 보호관리
2 〃	자국기업의 Cloud 운영	지역 Data보호
3 〃	국가 Cloud 기술 자주성 확보	주체적 관리

- VMware Cloud 제공, AWS 디지털 주권 서약공개, MS 일부 나라에 소버린 Region 실립, platform 제공

나. Sovereign Cloud 도입시 고려사항

구분	주요 내용

		호환성	다른 Infra & Cloud와 연계, 호환성 낮음
		Data 침해	특정 기관의 정보소유로 인한 침해 발생
		신기술도입지연	아키텍쳐 변경 & 신기술 도입의 한계
4		소버린 Cloud의 장/단점	
	가.	장점	
		안정적인 서비스	기업이 각국의 디지털 주권을 인정하고 보장, 국제 연결문제나 기업문제 발생에도 안정적 유지
		규제준수	현지 규정 준수 → 벌금 & 제재의 힘 감소
		안보강화	기술이나 Infra 의존도 감소, Data 도난 방지
	나.	단점	
		상호운용성	다른 Infra간 호환문제, Data교환에 어려움
		정부감시	정부가 데이터 수집 & 감시하는데 악용 가능성
		혁신제약	여러 규제 준수로 신기술 도입 속도 지연, 서비스 혁신에 제약이 될수 있음

"끝"

문16) Metacloud (메타 클라우드)

답)

1. Cloud service의 Lock-in 해결, Metacloud 개요

　가. 특정 Cloud 종속 탈격, Metacloud의 정의

　- 특정한 Cloud 서비스에 Lock-in되지 않고 Cloud 서비스에 대한 선택과 개발을 자유롭게 구축할수 있도록 한 모델

　나. 서비스 최적, 표준준수등 Metacloud의 목표

최적 Service	특정응용 프로그램에대한 최적 서비스
시스템 호환성	Cloud system 간 호환성 준수
표준화 준수	Cloud API 통해 개발자가 Easy 개발

2. Metacloud 구성도및 설명

- cloud 제공자, Runtime 구성, Development 층으로 구성

구성요소	설 명
Metacloud API	표준화된 Cloud 프로그래밍 API, Jcloud 등
Resource 유형	Cloud 기반 실행환경에서 Cloud 서비스의 모든 자원의 유형을 지원 (Templates)

			Provisioning Strategy	Cloud 서비스선택시 리소스유형과 리소스 Monitoring을 기반으로 다른 Cloud 서비스를 추천, 합리적 비용과 효율적 서비스선택
			리소스 Monitoring	Metacloud Proxy에서 수집된 Data를 수신해 Cloud 서비스 공급업체에 종합적 QoS 정보를 생성
			Metacloud Proxy	서비스 요청시 특정 공급업체에 전달
3			Metacloud Service 사례 -Apache Jcloud API	
			Jcloud	Apache 재단에서 여러 Cloud 서비스간에 호환될수있는 서비스를 위한 공통된 API 개발

"끝"

문 17)	유틸리티 컴퓨팅 (Utility Computing)
답)	
1.	Pay-per-use 개념 - Computing 패러다임.
	사용량만큼의 과금체계, Utility Computing의 개요
가. Utility Computing 정의	- Server, Storage, Network, Software등의 IT 자원을 하나의 서비스 개념으로 보고 도입& 자체 개발을 하지 않고 서비스 공급자와 계약통해 사용한 양만큼 (Pay-per-Use) 요금을 지불하는 Computing Paradigm
나.	유틸리티 Computing 등장 배경

ROI 불확실 — IT투자에 대한 ROI 불확실
IT투자 관리 — TCO등 효율적인 관리가 주요관심사
IT 성과 — 투자대비 성과극대화 필요

다.	Utility Computing의 특징	
	특징	설명
	사용한 양 만큼 비용 지불	CSP(cloud, utility 서비스 제공자)는 전체 자원 효율적 관리에 집중, 사용자는 투자 비용 등을 절감할수 있는게 핵심
	즉시 사용	IT 자원과 서비스를 "필요만큼 즉시" 사용
	Risk 회피	IT 기술 발전에 신속한 대처 & Risk 회피
	맞춤형	고객별 맞춤형 서비스 & 서비스 표준화 구현
	RTE 환경	실시간 기업환경 (Real Time Enterprise)

2. Utility Computing의 구성요소와 요소기술

가. Utility Computing의 구성요소

구성요소	주요 내용
서비스 관리	- 제공된 Service 관리(Management) 기술 - Billing, Monitoring, 보안 기술등
서비스 자원관리	- 서비스 자원 최적화하고 관리하기 위한 기술 - Utility Computing의 핵심요소 - Grid, 가상화기술, 자동화, 최적화, 분할 기술등
서비스 자원	- 서비스를 제공하기 위한 물리적 Computing 자원 - 서버, N/W, 스토리지, OS, Middleware, 각종 Appl.등

나. Utility Computing의 기반 기술

기반 기술	설명
Cluster -Clustering (묶음)	-Local 지역내의 컴퓨터 여러대를 인터넷 이용, 동일OS 환경에서 상호연결 하여 규모가 큰 하나의 가상화된 Compu ter처럼 총체적 서비스 가능 구성 - 서로 다른 OS, H/W platform 제약과 장소제약으로 동적 자원 증가 스케줄링어려움
프로비저닝 Provisioning	- 가상화/분할된 서버, 스토리지, N/W 등의 자원을 요구에 따라 조합 & 할당하는 기술 - 고객 스토리지 사용량분석, 용량 증설시점 & 필요 저장공간 자동 통보하는 역할 수행

		(가상화) Virtualization	- 이 기종 Computer, Storage & 기타 N/W 자원에 대해 동적이고 효율적인 일종의 풀(Pool)을 구성하는 것 - 복잡한 IT Infra 구성을 단순화, 모듈화 시켜 IT 자원의 재활용을 가능하게 함. - 전체적으로 IT 자원 사용율(usage) 극대화 - VMware 등이 있음
		(분할) Partitioning	- 단일 & 여러 대의 Server에 대해 하나 이상의 독립적인 운영환경을 구현할 수 있도록 System 자원을 물리적(physical) & 논리적(Logical)으로 분할하는 기술 - 물리적으로 한 대인 대용량 서버를 논리적으로 여러 대로 분할하여 독립적인 Appl. 운영환경을 만들 수 있는 기능을 의미
		(자율 컴퓨팅) Autonomic Computing	- 생명체의 자가보호, 자가 치유, 자가 구성 등의 특성을 가지는 자율신경계를 모델링(Modeling) 한 기술 - 자기 최적화(Self-optimization), 자기 구성(Self-Configuration), 자기 방어(Self-protection), 자기복구(Self-Recovery) 가능 - 자율컴퓨팅은 가상화 함께 사용, 정책 & 요구에 따라 다수자원 설치, 기동, 변경 가능

| | Grid | 지리적으로 분산된 Computing 자원을 Grid N/W을 이용하여 Computing 자원을 공유 |

3. Utility Computing 과 기존 Service와 비교

가. 전통적 IT운용환경과 Utility Computing 환경의 비교

구분	전통적 IT운용환경	유틸리티 Computing
IT Infra	Peaktime 용량기준	실제 사용량 기준
운영제공	-고객이 직접 H/W,S/W구입 -직접 설치/운영/수리	전문화된 업체가 자원소유 -서비스 & Biz관점 서비스
제공형태	One-to-one 방식	One-to-Many 방식
System 용량확보	구매나 구축시점에 따라 리드타임 갈라짐	최소의 구매 절차 매우 짧은 lead Time
지불	직접구매	사용량 기준 임대
사용자관리	전담 인력 필요	서비스 명확성, 운영비용절감
자본투자	대규모 직접투자	점진적인 투자 가능
장점	맞춤형 (Customization)	공개 표준화된 유틸리티 서비스
비용구조	자산에 기초한고정비	서비스 사용량에 따른 변동비

-Lead Time : 상품의 구입후 설치, 운영 까지의 소요되는 시간

4. Service 유형별 비교

항목	유틸리티 Computing	ASP	Out-Sourcing
IT Infra.	IT자산 & Appl.에 대한 서비스	표준화된 Appl. 제공	IT자원 의 Out-Sourcing

비용	사용량 기반과금 Pay-per-Use	제약(사용자수등) 기반 비용 지불	자산에 대한 초기 투자금
장/단점	관리 비용절감, 맞춤&표준화를 등시 제공	Appl.을 소유하지 않음. 비용절감등 커스트마이징 어려움	기업의 핵심업무에 (Core Asset) 집중 가능

- ASP: Appl. Service Provider : App. 서비스 제공자

4. Utility Computing 성공요소 & 고려사항, 기대효과

가. Utility Computing 성공요소

구분	성공요소	내용
기술적 측면	통합	- 정책과 구축기반, 표준화된 통합모델
		+ 이기종간의 System 통합(Integration)
	표준화	- IT Infra.운영 & 비효율성 제거
		- 모든 기종 지원 가능 개방형 표준 구축
정책적 측면	서비스 수준 향상	- 필요시 용량할당, 작업로드 유연 대처
		- 연속성 보장, N/W 성능향상, 복원력 향상
	투명한 가격모델	- 예측 (forecasting) 가능
		- 수긍과 동의할 수 있는 합리적 가격 모델

나. Utility Computing 도입시 고려사항

- 실제 구현 가능한 기술여부, 사전 검증 철저 필요

- 적용기술에 대한 Reference 확인 필요

- TCO / ROI 측면에서의 접근

4. Utility Computing 기대효과

기대효과	내용
비용 구조개선	- IT투자 가변 비용화를 통한 비용절감 - 비용구조의 변혁을 통한 절감효과 지속
ROI 극대화	- IT투자 비용의 예측 가능, 투자부담경감 - 수요 변동에 탄력적, 즉각적 대응가능
Cycle time 단축	- 신속한 신제품 출시 & 서비스 적용 용이 - 업무 process Cycle time 단축→고객 만족도↑
신속대응 성장기회	- New Servic 도입 & 변경시 적용시간 단축 - 개방형표준 통한 신속한 System 개발 & 적용
Cloud화 발전	- Utility Computing 에서 Cloud Computing 으로 발전, private/public/Hybrid cloud

"끝"

문18) 그리드 컴퓨팅 (Grid Computing)

답)

1. 분산된 Computer 자원 극대화. 그리드 Computing 개요

　가. Computing 자원통합. Grid Computing 정의

　　분산된 Computer 자원을 통합하여 하나의 Computing Resource(자원)들로 활용하는 방식

　나. Grid Computing 의 종류

계산 Grid	수학, 과학, 기상예측 & 계산 처리
장애 대응	장애 발생대비를 위한 Computing 환경
응용 Grid	Application program 서비스 제공용

2. Grid 구성도 & 구성요소

　가. Grid Computing 구성도

분산된 Computing 자원을 초고속 N/W으로 모아 활용

　나. Grid Computing 구성요소

구성요소	설　명
N/W 망	고속 Network를 통한 정보교환
원 거리위치	물리적으로 원거리에 있는 자원 연결
가상화	물리적 자원을 논리(Logical)적으로 통합

		Automation	구성 & 복구(Recovery)의 자동화
		Blade 서버	Server(서버)간의 공유(Share) 극대화
3		Grid Computing 응용	
		Utility Computing	사용자(user)가 Computing 자원을 유틸리 -티처럼 (종량제) 이용하고 과금
		Cloud Computing	사용자가 가상화된 자원(Cloud)을 이용하고 요구에 따라 사용, pay-per-use

"끝"

문 19)	SBC (Server Based Computing)		
답)			
1.	Thin client와 완벽한 보안성 구현, SBC 개요		
가.	SBC (Server Based Computing)의 정의		
	Data와 Application을 서버에 저장하고 필요시 client (PC, 기타 단말)가 서버에 접속해 작업하는 기술		
나.	SBC의 필요성과 제공환경		
	필요성	C/S환경의 N/W 부하 증대 & 보안 취약 해결 필요	
	제공환경	중앙집중 관리기능 & 사용자 PC와 동일 환경 제공	
2.	SBC의 특징 & PC환경과의 비교		
가.	Server Based Computing의 특징		
	구성	SBC서버, Network, 단말기 & 단말기용 PC	
	주요특징	PC보안, Upgrade, 장애문제 해결, 사용성(Easy)	
	Compilance	차후 개인정보보호법에 따른 단말기에 개인정보 저장금지에 대한 해결 Solution	
	장애요인	신기술불안요인, 높은초기투자, 사용자 거부감	
나.	PC중심환경과의 비교		

구분	PC 중심환경	SBC
중요자료유출	유출위험 증가	유출 차단
불필요S/W설치	가능	불 가능
Virus감염	항시 노출	노출극소화
S/W 구입	개별 라이선스	서버 라이선스

			SW유지보수	Version 관리복잡	서버관리로 용이
			업무연속성	장소&접속기기 제한	어서서든 동일 작업환경

3. SBC의 보급현황 & 해결 방안

구분	IT관리자 측면	사용자 측면
장점	- App. 정보, Data의 중앙집중관리 - 자원의 신속한 접근 가능 - 운영 안정성 & 신뢰성, 보안성	- 언제 어디서나 어떤 장비 든 App, 정보, 도구에 접속 - 업무지속성, 생산성 향상
단점	- 서버필요 대수 증가 - 설치형 S/W기반 Client/ Server 아키텍처, 서버과부하	- 멀티미디어 성능 저하 - SBC의 특성상 동영상, Game등 성능 제약 존재

"끝"

문 20) Cloud 관리 플랫폼의 정의 및 필요성, 필수기능,
플랫폼 선정기준, 기대 효과를 설명하시오

답)

1. Cloud 다양성 문제 해결, cloud 관리 platform 개요

　가. Cloud Monitoring, cloud 관리 platform의 정의

-Cloud Computing 리소스를 모니터링/제어하는 관리의
효율성을 추구하는 통합 관리 S/W 도구모음

　나. Cloud Management Platform 등장배경

배경	Cloud 관리 플랫폼	효과
- 도입확산, 매니지드수요증대		- Biz & 솔루션 복잡 해결
- Multi-cloud로 인한 통합관리의 필요성 증가		- IT 자산 & 환경 제어
- 전문인력부족		- IT비용 절감
		- 효율성 향상, 가시화

　다. Cloud 관리 platform의 필요성

구분	필요성	설 명
관리적 측면	Cloud 복잡성	Cloud 조합해 관리, 환경 복잡성 증가 대응
	Biz 전략 연계	Biz 지원, 유연한 cloud 관리 기반 제공
	규정 충돌문제	Compilance & 거버넌스 충돌완화
	운영 비용 절감	효율적 사용 토록 Monitoring & 최적화
사용성 측면	리소스 자동관리	리소스관리 작업 자동화 → 빠른 배포
	Cloud Infra 관리 어려움	Self service, 직관적 UI/UX 통한 사용자 편의성, 서비스 가시화 필요

- 다양한 Cloud 리소스를 활용하기 위해 워크로드를
  혁신적으로 확장하고 작업을 자동화하도록 구성

2. Cloud 관리 platform의 필수기능

가. Cloud Management platform 아키텍처

Service Layer	비용 관리	보안, Compliance	자산 관리	리소스 사용
관리 Layer	알람(Alerts)	자동화	REST API	
	Reports	Dashboard	Best practices	
Cloud IAAS	통합계정, Cloud 호환성, 프로비저닝, 오케스트레이션			
	AWS, Azure, Google Cloud, VMware 등			

- Cloud에 배포하는 방대한 리소스를 한곳에서 제어하여
  Cloud 관리의 체계성 & 사용성 증진 목표

나. Cloud 관리 platform 필수기능

분류	필수기능	설명
Cloud Service 측면	비용 & 자산관리	지불 비용등 상세 보고서, 자산관리
	사용근거	사용량파악, 리소스할당, 지출 예측
	Cloud 규정 준수 & 거버넌스	정책, 가이드라인, 규제요건 준수 / 워크flow관리, 리소스 Overhead절감
	Cloud 보안	모범 보안 사례 적용
관리 측면	워크플로 자동화, 자가치유	워크로드 최적 균형점 유지, 자가치유로 유지보수 소요시간 절감

			Monitoring,	Cloud 장애/운영 관리 업무
		Cloud 관리 측면	로깅 & 알람	역량강화 & 생산성 향상
			여러환경에서 가시성확보	리소스사용 광석, Cloud 관리 통해 사용자 추적, Cloud 확산 미리 예측
			중앙집중식 운영관리	리소스 할당, 규정준수, 보안, 비용 관리의 통합 제어 (중앙)
		Cloud Infra 측면	통합 계정관리 (Muti-cloud)	다양한 기업의 인증 System 과 연동 계정통합 & 자원 기준 정보 제공
			Cloud 기술 호환성	public, Private, 엣지 통합관리 통해 Cloud 간 기술 호환성 구현, 관리용이
			프로비저닝, 오케스트레이션	정책 가이드라인 준수, 확장성 고려 일관된 Infra framework 구성

-운영 효율화와 비용 최적화 지원, 조직 상황 & 구매사이클
과 연결되는 Cloud 관리 platform 선정필요

3. Cloud 관리 platform 선정기준

가 선정기준 - 구매 Cycle 연계 고려

실정 → 구매 → 관리 → 빌링

- 인증 & 보안
- 계정
- 계약관리

- 제품 포트폴리오
- 견적 & 가격
- 프로비저닝

- 수명주기
- 보고서
- 대시보드

- 청구
- 반환 등

모든 기능을 지원하는 CMP보다는 기업에서 사용중인
Solution과의 연제성과 필요한 기능을 지원하는지 판단 고려

4. CMP(Cloud 관리 플랫폼) 선정기준

항목	선정기준	설명
설정	인증 & 보안	최소 권한 Access 역할관리, 위임된 관리자 권한, 역할기반 Access 설정 가능
	사용자 계정 관리 & 제약	Self-Service 지원 / Cloud Easy 접근성 지원
구매	Service 포트폴리오	다양한 제품 & Catalog 지원 여부 / 대규모 Cloud 공급업체와 협업
	견적 & 가격	견적, 가격 조건 등 명확히 제공 / 가격 책정 기능 & 맞춤형 예산, 요율 비교
	주문 & 프로비저닝	주문 규칙(할당량, 리소스 종속 회피) / 원활한 자원 제공위한 Data 제공
관리	수명주기 관리	자동 갱신관리, 구독 up/down grade / 자원 배분 Option 지원
	보고서 기능	다양한 기준에의한 보고서 생성여부 / 보고서 가공용이성, 사용자 정의 기능
빌링	청구관리	Biz & 비용 관리 최적화 / 자동청구, 송장 맞춤설정

적절한 CMP 선정하여 IT 서비스 향상 &
전사적 비즈니스 과제 해결 필요

4. CMP의 기대효과

측면	설명
Biz	- 전사적으로 복잡한 Biz 과제 개선 (해결) - Biz Service 제공 가속화 - Biz 단위간의 Communication 강화
IT관리	- IT환경에 대한 제어유지 & 규정 관리 일원화 - 전체 IT 비용을 절감 - 다양한 IT 자산에 대한 보안관리 & 제어
IT기술	- IT 서비스를 향상 - 전체 System 효율성 향상 - 가상 솔루션 & Application의 복잡성을 관리

"끝"

PART 2

클라우드(Cloud)의
서비스(Service)

사설(Private) Cloud, 공용(Public) Cloud, 하이브리드(Hybrid) Cloud, 서비스 전달 방식, IaaS, PaaS, SaaS의 모델 분류, DaaS(Datacenter as a Service), XaaS (Everything as a Service), Cloud Computing과 XaaS 비교, TaaS(Testing as a Service), BaaS(Backend as a Service), 서버 호스팅, 베어 메탈, 클라우드 서버 비교, CSB(Cloud Service Broker), 클라우드 SLA(Cloud Service Level Agreement) 의 유형 / 특징 / 카탈로그, 서버리스 아키텍처(Serverless Architecture) 등을 기술할 수 있어야 합니다.

[관련 토픽 – 14개]

문 21)		사설(Private) cloud, 공용(public) Cloud, 하이브리드
		(Hybrid) cloud에 대해 설명하시오.
답)		
1.		Service 주체에 따른 Cloud Computing의 분류
	가.	자체 Data center. Private cloud 정의 & 특징
		정의 / 기업이 자체 Data center에 cloud 환경 구축하여 사용
		특징 / -자체 Data center에 모든 Hardware, S/W, Data를 저장
		-Data 센터의 IT 자산에 대한 통제 가능
	나.	IDC 업체 제공. public cloud 정의 & 특징
		정의 / IDC업체가 제공하는 Service를 비용 지불하고 사용
		특징 / -Pay for use, H/W, S/W등을 임대하여 사용
		-확장성, 유연성 등이 좋음
	다.	하이브리드 (Hybrid) cloud 정의 & 특징
		정의 / 자체 Data center ⊕ 공용 cloud service
		특징 / 공용 cloud 사용시의 보안(Security)우려와 사설
		(private) cloud 사용시의 비용문제를 해결
2.		Hybrid cloud 등장
		(public) + (private) ⟶ (Hybrid) -낮은 초기 구축비용 -민감정보 통제 가능 - 확장 유연성 (고객정보나 기업기밀)

사설 Cloud

- 초기 구축비용 과다소요
- 관리 & 유지보수 인력 필요
- Internet 서비스등
  사용량 폭주 대응불가

공용 Cloud

- 직원 & 고객 민감정보 유출우려
- 정보자산에 대한 통제력 상실
- 사업 구조의 변화 대응속도 저하

공용 Cloud
- 비 민감정보,
  트랜잭션
  데이터등

Hybrid Cloud

사설 cloud
- 민감 정보,
  사업기밀,
  영업 정보 통제

- 공용 Cloud와 사설 Cloud를 적절히 조합하여 Hybrid 등장

3. Service 제공주체에 따른 Cloud Computing의 비교

항목	private	public	Hybrid
서비스 제공주체	-기업 자체 IDC -한 조직만을 위함	-제3의 서비스 IDC -타업체와 공동사용	기업 자체 IDC ⊕ 외부 IDC 모두 사용
보안성	-보안성 높음 :기업 자체 IDC 에 정보 보관	-보안성 낮음 :민감 데이터 (고객 정보등)외부에 저장	-보안성 확보 :민감정보는 사설 Cloud에 저장
유연성	자체 보유한 자산 이 한정적 일시적 사용 폭주 대응한계	일시적 사용량 폭주에 대응용이 (Auto Scale)	-사용폭주시 공용 Cloud에서 운영 -사설+공용 순차적용

		구축 비용	자체구매 → 초기 비용과다 발생	구축 정보자산 임대 → 초기 비용 최소화	적정 수준의 초기 비용소요
		확장성	정보자산구매 → 비용, 시간소요	추가적 계약 만으로 확장가능	확장 필요 정보자산은 공용 cloud 활용가능
		정보 자산의 관리	-정보자산 통제가능 -관리 & 유지보수를 위한 별도 조직	-정보자산 통제불가 -정보자산 관리 & 유지 보수 부담 저하	정보자산의 종류에 따라 통제권 확보 & 관리부담
		적합한 기업/ 업무 유형	-고비용 정보자산 투자 여력 보유한 대기업 -사용량이 고정적 이고 안정적인 기업	-초기 투자 비용이 부담 스러운 중소기업 등 -서비스 소요량 예측 힘든 인터넷서비스기업 -빅데이터 처리 업무	-내부관리 (인사, 회계 등) System 등은 사설 cloud -대량 분석 업무는 공용 cloud 사용

- Hybrid cloud 적용이 대세

4. Hybrid cloud의 활용과 전망

가. Hybrid Cloud의 활용

유형	설 명	효과
인큐 베이터	-사용량 예측가능시 → Private -서비스 초기 사용량 예측불가 시, public cloud에서 서비스	-적정 투자비용 & 시기 결정 -서비스 초기 사용량 폭주로 인한 서비스 불가상황 회피
장애 대응	-사설 장애시 → 공용 cloud 대체 -공용 장애시 → 사설 cloud 대체	-DR 센터 구축 비용 절감, 효율적 관리

		사용량 급증대비	-평소에는 private cloud 사용 -세일, 연말, 특정 Sale 등의 사용량 폭주 시점에 public Cloud로 확장	-사용량 폭주 시점에도 안정적 Service 가능 -특정시점을 위한 정보 자산 투자 회피

4. 향후전망

- 대기업 절반 이상이 Hybrid cloud 선택.
- private cloud에서 Hybrid cloud로 전환추세
- 비용절감, 유연성, 보안성&확장성측면 Hybrid cloud 대세

"끝"

문 22)	Cloud Computing의 서비스 전달방식에 대해 설명하시오
답)	
1.	On-demand 제공, Cloud Computing의 정의 & 필요성
가	Pay per Use (Utility Computing), 클라우드 컴퓨팅 정의
	복수의 PC,서버, Data 센터 등을 가상화 기술을 통해
	사용자에게 각종 S/W와, 보안, 플랫폼, App 등을 제공하는 것
나	IaaS, PaaS, DaaS, XaaS 등 Cloud 컴퓨팅의 필요성
	Internet 환경에서 이기종 Brower 기반 Client를
	지원하기 위한 거대 규모 등적 Cloud Infra 수요 증가 대응
2.	Cloud Computing 서비스 전달방식

서비스	전통적IT	IaaS	PaaS	SaaS
Application			사용자 관리	
Data		사용자 관리		서비스로 공급
Run-Time	사용자 관리			
Middleware			서비스로 공급	
OS				
가상화		서비스로 공급		
서버				
스토리지				
네트워킹				

기존 사용자 관리 영역 서비스로 공급됨

3	Cloud Computing 서비스 전달 방식의 설명	
	유형	설 명
	Saas	클라우드 Computing 서비스사업자가 인터넷을 통해 S/W를 제공, S/W를 서비스 형태로 제공
	Paas	서비스가 실행되는 실행환경을 서비스로 제공받음 사용자가 S/W을 개발할수 있는 토대 제공
	Iaas	Cloud를 통해 저장장치 & Computing 능력을 인터넷을 통해 서비스형태로 제공

"끝"

문23) IaaS, PaaS, SaaS의 모델 분류와 SLA 특징

답)

1. IaaS, PaaS, SaaS의 유형별 특징

유형	설명	예시
IaaS	Infrastructure as a Service 서버, 스토리지 등의 서비스 제공	아마존 S3/ EC2
PaaS	Platform as a service S/W 개발환경을 Service로 제공	구글 앱 엔진, MS Azure
SaaS	S/W as a Service 응용 S/W를 서비스로 제공	MS오피스 365, 구글 앱스

- AaaS (Billing, Payment 지원), SECaaS, MaaS, BaaS 등

2. IaaS, PaaS, SaaS 모델 분류

Cloud 계층 (Cloud Layer)	IaaS	PaaS	SaaS
데이터 (Data)	↑	↑	↑ 사용자
인터페이스 (API, GUI)	사용자 소유	사용자 소유	↓ 소유
어플리케이션 (Application)			↑
미들웨어 (Middleware)		↓	사용자 소유
게스트 OS (Guest OS)		↑	
가상머신 (Virtual Machine)		사용자 소유	
가상 N/W (Virtual N/W)	↓		
하이퍼바이저 (Hypervisor)	↑사용자 소유		
Host 운영체제			

| | | 물리적 환경(H/W, Storage 등) | ↓ | | ↓ | | ↓ |

3. IaaS, PaaS, SaaS 서비스별 SLA 및 카탈로그 특징

가. IaaS, PaaS, SaaS 서비스별 SLA 특징

서비스	구분	설명
	프로세스 자동화	수작업없이 신속처리
IaaS	부하관리	부하측정 & 관리기능
	사용량 기반과금	자원 사용량 기반 과금 기능
	개발 Lifecycle 지원	개발/테스트도구, 환경제공
	S/W 라이선스 관리	S/W 라이선스 관리기능
PaaS	서비스 실행플랫폼	App. 실행가능 platform 제공
	Process 자동화	수작업 없이 신속 처리
	부하관리	부하측정 & 관리기능
	사용량기반과금	platform 사용량 기반 과금
	접근성	다양한 단말환경 제공
SaaS	확장성	수요 대응 탄력성/확장성
	가용성	높은수준의 Service 신뢰)
	사용량 기반과금	Service 사용량기반 과금

4. IaaS, PaaS, SaaS 서비스 Catalog 특징

유형	내용
	서비스신청 전 상세항목으로 정의
IaaS (인프라)	서비스 단위, 부가서비스 종류등 명확화
	과금 청구 방식에 대한 자세한 근거

			Paas (platform)	SLA에 의해 관리, 사용 만큼 청구	운영
				개발/운영 위한 platform의 모든 서비스로 제공	
				서비스에 대한 명확한 설명, 절차, 대상 명시	
			Saas (Software)	Servic 내용, 이름, 설명, 절차, 대상 기술	
				서비스 수준 관리 위해 SLA 제시	
				하위 (Infra) 요소 상세 항목 제외	

"1/22" "끝"

문 24) DaaS (Datacenter as a Service)

답)

1. ROI 개선, Cloud 기반 VDI 서비스, DaaS 개요

가. VDI(가상 Desktop Infra) 서비스, DaaS 정의

- Desktop 가상화(VDI)를 Cloud 기술로 구현하여
  서비스 공급자가 아웃소싱 형태로 제공하는 서비스

나. DaaS의 등장배경

VDI의 이슈		DaaS 등장의 배경		- ROI 극대화
- 비용절감, 실요성 한계	→		→	- Multi-Tenancy
- 관리편의보자 겉안초점				- 신속/탄력 Scal In/out

2. DaaS의 구성 및 요소기술

가. DaaS (Datacenter as a Service) 구성도

사용자 브러거, Device - 꾸망	←	on-demand 원하는환경 즉시 제공	←	User profile Apps, 환경 Desktop OS등

- Zero client, zero PC와 같이 전용 client와 Display
  기술 protocol 사용하여 성능향상가능

나. DaaS 요소기술

기술요소	설 명
Desktop Client	Client 장치에 설치된 Software로 해당 protocol을 통해 가상 Desktop에 접속
가상 데스크탑	Client 연결요청을 수용하기 위해 가상

			Agent	머신에 설치된 S/W
			가상 머신 풀(Pool)	가상(Virtual) Desktop을 위한 Computing 자원들을 제공, 새 client가 요청시 새 VM을 생성하고 높은 확장성과 신뢰성을 보장
			Desktop 연결 Broker	Desktop 연결관리, 로드 밸런싱과 같은 특정 정책에 따라 사용자에게 최상의 VM을 선택하여 VM 연결
			접근 Gateway	외부 client 접근 담당, 외부 사용자 승인, client와 가상 Desktop 사이의 안전한 연결
			인증서버	사용자 승인, Directory 서버 역할 수행

- 미디어 압축, 이미지 캐싱, client 랜더링, 동적 대역폭 관리등의 기능 제공. client 가상 머신 연결방식, 원격 Display protocol은 Vendor 별로 상이.

3. DaaS 표준화 동향

- 국내 : TTA 주관, DaaS Framework, 서버 참조구조, 공통 도입 지침에 대한 표준화

- 국외 : ITU-T, usecase, 기능, 요구사항, 전송 protocol, VM 할당 메커니즘, Interface 등 표준화

"끝"

문 25)	XaaS (Everything as a service)
답)	
1.	정보 사용 서비스 방식의 변혁, XaaS의 개요
가.	XaaS (Everything as a service)의 정의
	- Cloud Computing을 구성하기위해 서비스 형태로 제공될수 있는 모든 IT요소의 집합 (Set), 서비스 Infra, S/W, platform, 개발등의 형태로 제공되는 모든 IT요소
나.	XaaS의 개념도

Cloud Client	- cloud 서비스 & 응용은
Cloud 서비스/응용	Cloud Computing의
Cloud 상호운용성, SLA	다양한 Service 및
Cloud platform	응용이 Application &
SaaS, PaaS, IaaS, NaaS···	Software 형태로 서비스가
Cloud 인프라	제공되기 위한 기술임
가상화, 분산 Computing···자원관리	
Hardware, Infra등	

2.	XaaS의 구성도 & 구성요소
가.	XaaS의 구성도
	- SaaS로부터 시작, AaaS와 PaaS로 구성되어 모든 IT 서비스를 On-demand로 제공하는 서비스
	XaaS = SaaS + PaaS + IaaS + AaaS + BaaS + DaaS등

XaaS = Everything as a Service

| AaaS | DaaS | IaaS |

BaaS, DaaS, FaaS, HaaS, IDaaS, CaaS, SecaaS 등

4. XaaS의 구성요소

유형	설명
SaaS (응용 S/W 서비스)	- Software as a Service - 응용 S/W 제공, 비용절감, 빠른 서비스 도입.운영 - 생산성 향상, 다중사용자 환경 (Multi-Tenant) 지원
PaaS (플랫폼 서비스)	- Platform as a Service - S/W 개발환경 서비스로 제공, Application - 개발 & 운영 관리, 높은 개발 경험필요, IDE 제공
IaaS (인프라 서비스)	- Infrastructure as a Service - 서버 인프라 서비스로 제공, 가상화기술 활용 - 사용자 필요시 신속하게 ICT 자원 제공
AaaS (어플리케이션 서비스)	- Application as a Service - 서비스로서의 App. 필요 기술제공, 가상화기술 - CRM, Web office, Billing, Payment 등
BaaS (비지니스 서비스)	- Business as a Service - 모바일 앱이 필요한 기능을 API로 제공 - 비즈(경영, 마케팅, 제조등) 전반의 기능 제공

		DaaS (데이터 센터 서비스)	- Data-Center as a Service - 전체 수명주기의 Data를 관리할수있는 포괄적인 기능 제공
		FaaS (Framework as a 서비스)	- Framework as a Service - 서비스 개발에 필요한 Framework들을 사용법, 설치등을 제공하여 서비스 구성에 도움
		HaaS (H/W 서비스)	- Hardware as a Service - 컴퓨팅자원, 저장장치, DBMS등 신생업체 들이 On-Demand Computing 서비스 론칭가능
		IDaaS (기업특성 특화서비스)	- Identity as a Service - Identity 관련서비스 - 기업의 특성, 특징, 특화된 서비스 제공
		CaaS (통신 서비스)	- Communication as a Service - Ip망 기반 음성으로 기간통신이 아닌 별정 통신과 같은 부가통신사업자가 제공
		SecaaS (보안 서비스)	- Security as a Service - 서비스용의 Security - 홈페이지 위변조, 개인정보유출등

3. Xaas Computing 고려사항

구분	설 명
확장성	부하고려 가상 System의 신축성, 유연성고려

		가용성	Peak-time, System fail에 대비한 99.9% 이상의 System 가용성 확보기술
		신뢰성	외부에 저장되어진 Data 신뢰성, 해킹 대비, Data 유실될 경우 복구, Backup 기술
		협업성	어느 단말기로도 서비스 접근 & 이용 가능성 제공
		표준화	서비스간의 상호호환성 확보 위한 표준화

"끝"

문 26) Cloud Computing과 XaaS 비교

답)

1. Cloud Computing과 XaaS의 정의

Cloud Computing	-IP망 통해 IT 자원들이 on-demand 서비스 -IT자원을 Service 한다는 개념은 동일
Everything as a Service	XaaS, 모든 것을 서비스, 자원 낭비 없이 원하는 서비스를 on-demand 형태로 활용

2. Cloud Computing과 XaaS의 비교

구분	Cloud Computing	XaaS
상호 관계도	Cloud Computing Layer AaaS PaaS IaaS 각 Layer별 서비스 제공 → SLA, Monitoring 프로비저닝	XaaS 서비스 가능한 모든 IT요소 (S/W, platform, H/W, Data등) IT제공
	-XaaS가 cloud 컴퓨팅을 구성하기위해 서비스 구성요소	
접근 방법	Web(On-Line)을 통한 접근 & 서비스 제공	Web(On-Line & Off-Line) 까지의 접근성 제공
차이점	platform관점 (서비 스를 제공/관리하기 위한 실행 환경)	Component 관점 (개별적 서비스의 독립적 수행가능)
구성요소	-저장장치, N/W -SW등의 지원	-AaaS, IaaS -SaaS, BaaS -PaaS, DaaS등

		특징	-IP망을 통한 접근	-고정 Infra가 아닌 향후
			-Utility 기반의 사용량	유연성과 확장성 부각
			-Pay per use, 표준IT	Cloud Computing 확산
		공통점	-TCO비용 절감, Infra활용 극대화, Time-to-Market	
			-기술 유사성 : 분산 Computing, SLA 기반 프로비저닝,	
			Service platform 제공 보안, 과금, 사용자 인증 등	

3. Xaas와 Cloud Computing 발전 전망

- Open Source 기반으로 Service 제공, 확대 지속

- Mobile 환경시장에 맞는 Service 제공등 IT영역에

 확대 지속 전망

"끝"

문 27) TaaS (Testing as a Service)

답)

1. Cloud 기반 Testing service, TaaS의 개요

가. Cloud 가상화 활용, TaaS의 정의

- Cloud에 기반한 가상화된 test client, open source 부하&성능 Test 도구, test service portal 제공 등 저비용 고품질 testing 서비스제공 가능 cloud platform

나. Testing as a Service의 필요성

유연성 ── 저비용 ── 고효율

즉각, 즉시 test가능   저렴/실환경근접   서비스기반조성

2. TaaS의 구조도 & Testing 절차

가. Testing as a Service 구조도

Testing cloud & User Activities

Test Cloud
Creat Test ①
선택 : test 항목 Driver,
Test Asset,
② Test환경등 등록
분석(결과) 보시저
링, 결과 Report ⑧

③④ 생성 Test이너트 (시나리오)

Cloud & 실환경
Test Driver   Load
: Test 항목
Agent ⑤

⑥ Test환경수행
APPl.
DB ⑦ 실행

Input
결과 (output)

- 사용자가 SaaS (Software as a Service)인 마켓플레이스 에 test 서비스를 등록하고 Test 정보를 입력하면

- 대상에 대한 Test 가능 여부가 진단
- Test 시나리오 생성후 Test Agent 설치, Test 실행

나. Taas testing 절차

No	절차	설 명	산출물
①	Client 생성	Test 서비스 요청, Test client 생성 (Creat Test)	가상 User
②	기본정보 등록	Test 기본정보로 대상서버/ N/W연결 & 인증 Test	test Asset
③	시나리오 등록	고객의 신청/결재확인후 test 시나리오 관리도구 제공	테스트 시나리오
④	시나리오검증	입력된 test 시나리오 유효성 확인	Instance
⑤	Agent 설치	대상 서버에 Agent 설치, 통신확인	Agent
⑥	수행	실행 Event 발생시 test 수행	Event
⑦	결과 수집	Test 결과 작일 수집	TPS, Bug
⑧	분석 & 결과	Test 결과 분석 & 보고서 작성	보고서

3. Taas의 전망 & 기대효과

향후전망

- 신규 서비스 ← 모바일 Device급증
  - 모바일 Device OS 변화 & 다양한 기계 대응
- 확장성 ← 호환성
  - testing 부하(동시사용자)
  - 성능검증
  - 호환성 확보
- 유연성 ← 즉시점검 가능
  - 원할시 바로 점검
  - Fast Release
  - Side effect 최소화

기대효과	Echo	개발확대	편리성
	Echo 서비스	Cloud TaaS확대	Testing 환경 해소
	- Cloud test 활용한 Echo Service 가능	- IT서비스 개발저장 규모증가대응	- 다양한 Test 환경 및 시나리오 구성 가능

"끝"

문 28)	Baas (Backend as a Service) - 1	
답)		
1.	Mobile App의 Backend 기능의 표준화(추상화)	
	API 제공, Baas의 개요	
가	효율적인 모바일 개발, Baas의 정의	
	Server측 Source code를 작성하지 않아도 App 개발	
	자가 바로 적용할수 있도록 Mobile App이 필요로 하는	
	Server 기능을 일반화 하여 API로 제공하는 Backend 서비스	
나	Baas의 부각 배경	

구분	설 명
Cloud 이용증가	모바일 이용환경증가 → Cloud Backend 시장급성장
린스타트업활성화	저비용으로 신속한 App. 개발, 서비스 수요증가
platform의 서비스화	-모바일 플랫폼 (MEAP) → mBaas 서비스로 전환 -platform, Baas 서비스 급격성장 예측

- mBaas = 모바일 Backend Service

다	Baas의 Scope 비교

서버 App	Mobile App				
Data					
OS, WAS, Runtime					
H/W			Iaas	Paas	Baas
N/W					
가상화					

2		Baas 개념도와 주요기능
가.		Backend as a Service 의 개념도

REST

Android

iOS

JS

.NET

Flash

Mobile Web

iOS

OAuth, Custom Data
Social, Counters
User, Event, Groups
Activities, Feeds,
Entities, Queries,
Roles, File지원, push,
RESTful, Permission 등
- Errors, Log등

REST
Client
App.

API

Back-end
features (특징)

- 다양한 API를 통해 Backend side의 여러서비스 쉽게제공

4.		Baas 주요기능	

주요기능	Baas/mBaaS 제공기능 설명	응용가능서비스
사용자 정보관리	사용자 계정(Account)정보 저장, OAuth등 인증연계 처리	트위터 등 SMS 기능
데이터 관리/저장	Key-Value 기반, NoSQL방식 & 관리도구 제공	Blog, 게시판 SNS등

파일관리	다양한 Format 파일 저장 가능	멀티미디어능
위치정보	위치연계 (POI), 관심지점 저장	위치기반서비스
Push 알림	모바일 Device에 push 정보 전송가능	알림
고객센터	모바일 앱에 고객센터 기능 추가	고객채널
Multi Tenant	여러 백엔드 앱이 공유 리소스 활용가능	포토폴리오관리
비용현황	사용만큼 과금, API 호출수, 용량 책정	차별화서비스

- REST 기반 API 방식외에 직관적인 Web기반의 도구를
기반으로 연결기반 구현 방식 제공

나. Baas 요소기술

기능	설 명
데이터 저장소	API 방식으로 Data 저장 Infra 활용, 다양한 유형 Data 관리/저장/활용 가능
push	- 특정 Device에 Message 전송 - Notification - 구글 GCM 연계 Infra 제공
사용자 관리	- OAuth 기반 사용자 인증, 등록 권한관리 기법 제공 - R&R 기반 보안 체계 제공, Access 제어 등
소셜인증	회원간 소셜 연계, 소셜 배포, 공유지원 (Share)
Location 연계	모바일 기기의 위치정보와 이를연계 (연동)하는 GIS 정보&응용 기술 제공
Billing	API 요청수, 파일용량, push등 사용한 용량을 관리하고 과금할수 있는 정산 System 구성

3. Baas Service 효과

항목	설 명
편리성	Web site에서 Backend를 생성하여 즉시 이용가능, Server 개발이 App. 개발에 미영향
저비용	Cloud 서비스 사용량 만큼 비용 지불
신속성	Server 개발에 필요한 시간 불필요, Server 개발 일정을 고려할 필요가 없음
탄력성	수요에 따른 서비스 수용가 조정, 포트폴리오전략가능
신장성	요소접합, 기존 개발된 App. 템플릿과 Backend 활용으로 빠르게 시장대응 가능

"끝"

문 29)	BaaS (Backend as a Service) - 2
답)	
1.	Mobile App. 기능 개발 협력, BaaS의 개요
가.	자주 사용하는 Backend 기능, API 제공, BaaS의 정의
	Cloud와 연동해 Cloud에서 제공하는 기능들을 활용
	할 수 있게 해주는 Service
나.	공유(Multi-Tenant) 가능, BaaS의 특징

모바일 기반	Mobile APP. Web에 특화된 Cloud Service
확장성	IaaS 기반, NoSQL 채택
공유	멀티-Tenant, 여러 백엔드 App이 같은 리소스 사용
과금	API 호출수, User수, Pay per Use 등

2.	BaaS의 등장배경과 BaaS의 주요기능
가.	Backend as a service의 등장배경

Smart 기기 확제 → BaaS ← 시장 경쟁 증가

중소기업 채택 증가 → BaaS ← 지연(Latency) 문제

개발 복잡도 완화 → BaaS ← 잦은 OS 교체

생산성 needs → BaaS ← 단말간의 호환성

창의성 needs → BaaS ← 신규기능 접목 등

- Smart 기기의 확대등 공통기능들은 Cloud에서 제공 하는 기능들을 사용하여 개발 납기 준수 가능

4. Baas의 주요기능

기능	설 명
Data 저장소	API방식 활용, 다양한 유형의 Data를 관리, 저장, 활용할 수 있는 기반 제공
Push	특정 Device에 메시지 전송가능. Notification
사용자 관리	-OAuth 기반 인증, 등록, 권한을 관리하는 기법제공 -역할과 권한기반의 보안 체계 제공, Access 제어
인증	회원간의 소셜 서비스 연계, 배포, 공유 지원
위치 연계	모바일 기기의 위치정보와 GIS 정보&응용기술제공
Billing	API요청수, File 용량, Push등 사용한 용량 관리, 과금 가능 정산 System 구성

3. Baas의 실 사례와 설명

가. Baas의 실 사례 (예시) - Server 개발

메신저 App.개발

모바일 앱 ──────→ 신규 모바일 앱

요구사항들

회원관리	Data 저장
파일관리	푸시 알림
GIS정보로 복무관리, DB설계	

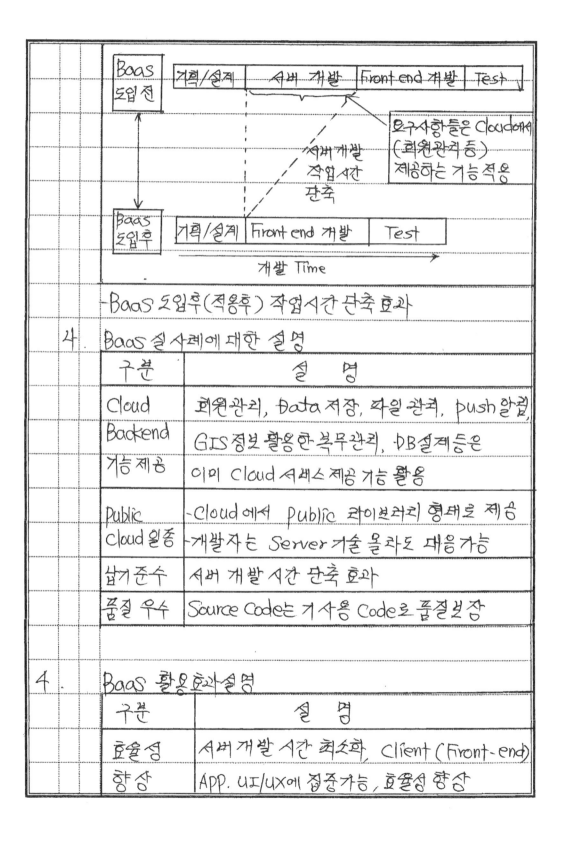

구분	설 명
Cloud Backend 기능제공	회원관리, Data 저장, 파일관리, push 알럼, GIS 정보 활용한 복무관리, DB설계등은 이미 Cloud 서비스 제공 기능 활용
Public Cloud 일종	-Cloud 에서 Public 라이브러리 형태로 제공 -개발자는 Server 기술 몰라도 대응 가능
납기준수	서버 개발 시간 단축 효과
품질 우수	Source Code는 기사용 Code로 품질보장

4. Baas 활용효과설명

구분	설 명
효율성 향상	서버 개발 시간 최소화, Client (Front-end) APP. UI/UX에 집중가능, 효율성 향상

			작업시간 단축	앱 개발 Idea부터 제품생산 거지 시간 단축, 결과적으로 시장요구에 재응 가능(Time-to-마케팅)
			비용절감	최소 개발인력 활용, 최소 IT 자원 투입 최소 비용으로 최대 효과 실현
			유연성 확보	Mobile App 이용자 수 증감에 재해 서버용량의 확장성 & 보안등을 패키지로 제공하여 개발자가 시장환경 변화에 유연하게 재쳐 가능
			통합적 환경	다양한 플랫폼 & 단말에 대한 통합적 대응 & 공통 & 필수 API 재원을 단일 스택(Stack)으로 제공

"끝"

문 30) 서버 호스팅, 베어메탈, 클라우드서버 비교

답)

1. Server Hosting, Baremetal, cloud의 정의

Server Hosting	단독물리서버, Dedicated Server, 물리서버 한대를 고객이 단독으로 이용할수 있는 Infra service
Bare-metal	가상화 되지 않은 물리서버를 Cloud처럼 Web 콘솔에서 간편하게 선정하여 이용하는 Infra 서비스
Cloud	가상서버, Virtual Machine, 물리서버를 '하이퍼 바이저' 가상화 솔루션을 이용 논리적으로 분할서비스

2. 서버 Hosting, Baremetal, Cloud 서버 비교

특징	서버 호스팅	베어메탈 서버	Cloud 서버
구성	APP. OS 서버 Infra.	APP. OS. 서버 Infra.	App. / App 게스트OS / Guest OS 하이퍼바이저 서버 Infra
가상화	×	×	○
하이퍼바이저	×	×	○
서버 프로비저닝	다소지연	수분내	수분내
서버 커스터마이징	가능	가능	불가능
자원공유	×	×	○
서버소유	○	×	×

과금	정액제	종량제	종량제
확장성	어려움	쉬움	쉬움
비용	초기 구축 자원필요	진입비용낮음	진입비용낮음
구제 준수관전	H/W 전용 라이선스 / S/W 사용	H/W전용+가상서버 적용 전용라이선스/S/W모두	가상서버 전용 라이선스/S/W사용

3. Cloud 서비스의 발전

Cloud Computing의 발전으로 Virtual Machine,
Container, MSA (마이크로 서비스) 등으로 지속 발전

"끝"

문	3/)	CSB (Cloud Service Broker)		
답	)			
1.		Cloud Service 중개자, CSB의 개요		
	가.	CSB (Cloud Service Broker)의 정의		
		- Cloud 서비스 제공자와 소비자 사이에서 '부가가치' 창출을 위해 맞춤형 서비스를 구성하고 제공 & 관리 하는 중개기술		
	나.	Cloud 서비스 소개자, CSB의 특징		
		비용 절감	Cloud 리소스 효율적 활용하여 비용절감	
		종속성 해결	사용자 Need 맞춘 서비스 설계 가능	
		선택권 보장	Cloud Infra 서비스 선택권 보장 등	
2.		CSB의 개념도 & 서비스 유형		
	가.	Cloud Service Broker의 개념도		

		사용자가 요구하는 서비스에 대한 다양한 platform을 생성 & Infra 구성 (OS, WAS, APP, DB 등) 하여 사용자에게 서비스		
	나.	CSB의 서비스 유형		

항목	개념	특징
서비스중개 Broker	특정 기능 개선 통한 서비스 향상 & 소비자 부가서비스	특정 서비스 접근 가능 ID 제공 등

			서비스 결합 Broker	다양한 서비스를 한개 이상의 새로운 서비스로 결합(통합)하여 제공	데이터 통합, Cloud 소비자와 제공자간 Data 이동안전성 보장등
			서비스차익 Broker	결합되는 서비스의 차익 실현등 브로커에 유연성제공	서비스 결합 Broker와 유사

3. CSB의 향후 전망

- CSB 구현기술, 기능, 전달방식 등에 따라 특화된 영역 & 통합 Cloud Service에 전문성을 보유한 다양한 형태의 CSB가 등장

"끝"

문32)	CSB (Cloud Service Brokerage)
답)	
1.	Cloud Service의 중개, 결합, 관리, CSB의 개요
가	중개인 (Middleware 역할), CSB의 정의
	-다양한 Cloud Service를 결합해 소비자의 요구에 따라 맞춤형 서비스를 구성 & 중개 뿐만 아니라 고객이 원하는 제반 Service를 공급하고 관리하는 역할
나	Cloud의 도입 장벽 해소, CSB 전문성 활용, CSB 필요성 거업 요구사항에 적합한 서비스 평가기준 마련, 법규제 & 호환성 문제, Cloud 서비스마다 다른 용어에 대한 이해, 기업의 Biz 이해 등 Cloud Service 도입의 장애 해소필요
2	Cloud 제공자와 소비자, CSB 간의 관계(도식)

클라우드 서비스 소비자 (CSC) C=Consumer		CSB		Cloud 서비스 제공자 (CSP)			
	↔	서비스 중개		보안		서비스 관리	SaaS
Cloud 감사	↔	Servie Combine 결합	↔	클라우드 관리		Biz 지원	PaaS IaaS
						관리 구성	통제
보안		서비스 거래				설정	물리 계층
프라이버시						호환성	H/W
성능 등		⋮				Cloud Services	

-CSB는 소비자와 CSP 사이에 중개역할 수행

3.	CSB의 기대효과	
	구분	설명
	용이성	다양한 Cloud Service의 운영, 통합, 소비, 확장 Easy 가능, Cloud 도입 & 확산 견인
	통합성	Cloud 자산관리 & 상호의존성에 관련된 문제를 해결/개선 하여 Service 간의 유기적 통합유도
	수익성	저렴하고 안전, Cloud 서비스 제공 키의 창출
	신뢰성	보안, 위험등에 체계적 대응, 소비자 신뢰성 확립
	창조성	Cloud 기술이해 바탕 → 사용자 맞춤형 서비스 창출
		"끝"

문 33) 클라우드 SLA (Cloud Service Level Agreement)
의 유형, 특징, 카탈로그

답)

1. Cloud Service 신뢰성과 일관된 품질을 위한
   합의서, Cloud SLA 의 정의
   - Cloud 서비스 제공자(CSP)가 이용자에게 제공하는
   Cloud Service의 수준을 정량화들을 통해 명확히
   제시하고, 이에 미달하는 경우에는 손해를 배상하도록
   하여 Service의 품질을 보장하기위한 서비스수준 계약(약)

2. Cloud Computing Service의 유형

유형	내용	사례
IaaS	- Processing 자원, 스토리지, N/W, DB등의 기본적인 Computing Infra 자원 제공 - Computing 자원에 OS나 Application 등의 Software 탑재 & 실행 - 하위의 Cloud Infra 제어 하지 않지만 OS, Storage, App. 제어권 가짐 - 일부 N/W 구성요소(예: 방화벽) 제한적 제어	Amazon EC2&S3 등
PaaS	- 응용 서비스 개발환경과 서비스를 운영할 수 있는 platform을 서비스로 제공 - 사용자는 서버, 스토리지, N/W 등의	Google App Engine - MS Azure

		PaaS	Cloud Infra를 제어 & 관리하지 않음 - Application과 Application Hosting 환 경의 Configuration의 제어권을 가짐		- MS Azure 등
		SaaS	- Cloud Infra상에서 실행되는 App. /Software 제공 - 하위 Infra & App.을 제어 & 관리하지않음 - 제한된 범위내 관련 App. 환경설정 가능		Google App
			- 제공되는 Service 내용과 어떤 수준까지 자원 접근 권한을 제공하는가에 따라 Iaas, Paas, Saas로 분류		

3		Cloud Computing 서비스별 SLA의 특징			

		유형	구분	설 명
		Iaas	Process 자동화	IT자원의 자동화 → System 관리자 의 수작업없이 신속히 처리 가능
			부하관리	Infra 자원의 부하측정 & 관리와 다양한 요청에 수행하는 기능제공
			사용량기반과금	자원 사용량에 기반한 과금 기능 제공
			SPLC 지원	개발 & Test도구, S/W실행환경제공
			S/W라이선스관리	S/W의 라이선스 관리 기능보유
		Paas	서비스실행플랫폼	App. 실행할수 있는 platform 제공
			process 자동화	시스템 관리자의 수작업없이 신속처리
			부하관리	Infra부하측정&자동확장/축소가능

		Paas	사용기반과금	platform 사용량기반 과금 기능제공
		Saas	접근성 (Accesibility)	Internet 접속환경, 사용자의 셀프서비스, 다양한 단말 환경 지원
			확장성 (Scalability)	수요 대응 탄력성 & 확장성 높은 Internet 환경 Application 제공
			가용성 (Availability)	안정성 & 자원 최적화와 통제를 통해 높은 수준의 서비스 신뢰 제공
			사용량 기반과금	사용자는 Software와 Application을 사용량기반으로 과금 책정

4. Cloud Computing 서비스별 카달로그

구분	설명
IaaS	- 상세항목정의, 사용자가 인지 할수 있도록 모든 내용포함 - Biz 서비스 형태로의 카달로그 제공 → 기별서비스의 제공 단위, 부가 서비스종류를 사용자가 선택 가능 하도록 가능한 범위까지 명확히 하여 제공 - 제공되는 서비스의 단위 비용 & 청구위한 과금방식 정의, 과금 청구방식 상세내용, 산출 근거필요
Paas	- 정의원 기준(SLA, policy) 관리, 사용량기반 청구 [제공] - 서비스의 개발&운영(New 기능)을 위한 모든서비스 정의된 SLA, Policy기준으로 관리, 명확한 설명과 이용 절차, 대상이 명확해야 함

			- IaaS동일, 사용자가 선택가능한 범위까지 상세제공
		SaaS	- 서비스의 모든 내용 & Service 이름, Service에
			대한 설명 & 이용절차, 대상기술 필요
			- 서비스 수준관리위한 개별지표가 SLA에 포함
			SLA 수준, 측정방식, 성과평가 등 Service Model
			과 고객이 SLA수준 선택가능하게 제공

"끝"

문 34)	서버리스 아키텍쳐 (Serverless Architecture)	
답)		
1.	FaaS (Function as a 서비스), 서버리스 아키텍쳐 개요	
	가.	Serverless Architecture 의 정의
		- Server 단에서 로직 (Logic)이나 상태를 관리하지 않고 특정 Event에 반응하는 함수가 실행되는 구조(아키텍쳐)
	나.	Serverless Architecture의 세부 설명
		- Server 단 Logic을 주로 개발자가 Coding 하는 전통적인 방법과는 다르게 Server 상태를 저장하지 않고 실행하는 Application을 의미
2.	Serverless Architecture의 구성 & 설명	
	가.	서버리스 아키텍쳐 구성 (예시)

- Serverless Architecture의 계략적인 모습(도식)을 예시로 표현함 (본 예시에는 총 5개 영역으로 구성)

4.	Serverless 아키텍쳐 구성의 설명	
	영역	설 명
	① 인증	Legacy Application에서 인증 Logic 부분을 Third-party (써드파티) BaaS 서비스로 교체
	② 제품 DB	- 상품 List 출력위해 Client단이 직접 DB를 접속 - Client단에서 Database에 접속할수 있는 다른 보안(Security) 프로파일 (Pro-file)을 적용하는 방식으로 다른 서버 리소스에서도 DB에 접근가능
	③ Client	- 서버단에 있던 로직들이 Client단으로 이동 - 단일 Page Application(SPA)를 통한 UX구조
	④ 검색기능	- 많은 계산 용량의 기능 & 대용량 Data 접근을 Third-Party 통해 호출 - Client 단과 Server 단에 기능을 두고 같은 상품 Database에서 조회
	⑤ 구매 기능	- 보안안전성위해 상품구매 기능을 서버단에서 처리 - FaaS (Function as a Service)로 대체 가능

- 기업내의 핵심업무 (Core Asset)를 제외한 비 핵심 업무기능을 FaaS를 이용하여 개발시간 & 비용절감가능
- 필요한 기능을 매번 개발하지 않고 개발되어 있는 기능을 연계해서 사용한다면 Server 단 기능의 신뢰도는 증가.

3.	Severless Architecture 도입시 기대효과

가	개발자가 Server 단 개발해야 하는 경우

→ 서버구성 & 개발시간 소요

기획/설계 → 서버구성 & 서버개발 → 프론트엔드 개발 → 테스트, 수정, 배포

Server 아키텍처 설계,
보안, 인증, DB설계, API 설계 등등
a~z까지 모든 서버설계/기능구현

→ 서버구성 & 개발에 많은 Resource가 투입됨

나	개발자가 Server 단 개발을 하지 않는 경우

기획/설계 → 서버구성 & 개발생략 → 프론트(Front end)엔드 개발 → 테스트, 수정, 배포

→ Front end에 집중하여 개발할수있음

→ 서버 구성 & 개발은 외부 서비스 연계통해 구현되고

개발자는 Front-end 개발에 더 집중할수 있음

4.	Serverless Architecture의 장/단점

구분	항목	설명
장점	작업시간 단축 & 비용 절감	비전문적 서비스 외부 연계통해 개발시간단축 / 신규 서비스 개발의 비용 절감
	Side effect 감소	특정 서비스의 변경 → 다른 서비스에 영향 최소화 - 서비스 단위 독립적 배포 가능

			신속한	해당 서비스의 개선과 수정 작업이 다른
		장점	의사결정	서비스의 이해 당사자들과 독립적으로 진행
			고품질	- 독립적인 Test 구축 용이
			서비스 제공	- 통합 Test시 복잡도 감소
		단점	통신처리	- 서비스간 통신 처리가 추가적 필요(연계)
			비용증대	- 사용자 요청 처리위한 응답속도 증가

"끝"

가상화(Virtualization)

가상화(Virtualization)의 원리 / 유형과 목적 / 기술, 서버 가상화, 데스크탑 가상화, 스토리지(Storage) 가상화, Application 가상화, 가상화(Virtualization) 기술 활용 효과, Hardware 파티셔닝(Partitioning) 기법, 가상화(Virtualization), 전(Full)가 상화, 반(Para)가상화, 가상머신(Virtual Machine)과 컨테이너(Container), 컨테이너 가상화(Container Virtualization), 가상화 기술인 도커(Docker), VMM(Virtual Machine Monitor), Zero PC, Zero Client, Thin Client 등 아주 중요한 항목들입니다.

[관련 토픽 – 23개]

문35) 가상화(Virtualization)의 원리

답)

1. 정보시스템의 자원 사용 효율화, 가상화의 개요

  가. 물리자원 → 논리자원 대체 활용, 가상화의 정의
  - 물리적으로 서비스, H/W장비 등을 통합하고 논리적으로 재구성하여 다른 물리적인 객체와 호환되도록 구현하는 기술

  나. 정보자원 Usage 극대화, 가상화의 필요성

비즈니스 확대	→ IT인프라 증대 필요성	CIO 전략적 IT투자필요	→	Infra 자원 활용 극대화 전략
위기 증대	→ IT비용 절감 압박		→	비용(Cost)절감을 위한 IT전략

  - 유휴자원을 효율적으로 사용하고 이에 따른 도입&운영 비용을 절감하기 위해 가상화 기술이 대두됨

2. 가상화 영역의 도식과 가상화 원리

  가. Virtualization 영역

  用 사용자
  ↕
  가상화층(Layer of 가상화)
  실제자원 → 서버   N/W   O/S   스토리지   리소스풀

  - IT투자감소 등 운영비 절감위한 효과적인 대안

  나. 가상화(Virtualization)의 원리

원리	설명	관련기술

		공유 (Sharing)	물리적으로 위치한 자원을 사용자에게 나누어 사용할 수 있도록 함	파티셔닝 -VLAN
		집합체 (Aggregation)	분산자원을 통합하여 논리적으로 단순화 하여 자원활용 극대화, Easy 관리	Clustering
		Emulation	가상화로 인한 논리적 객체는 물리적인 객체와 동일한 기능수행 가능	VTL, 에뮬레이터
		안정성	물리적인 자원의 교체나 변경에도 Service를 안정적으로 유지함	-RAID, HA, -L4스위치
3.		가상화의 유형		
		-Software 가상화, Hardware 가상화, S/W⊕H/W가상화		
		-서버/데스크탑/OS/process/storage 가상화 등으로 분류		
				"끝"

문 36)	가상화(Virtualization)의 유형과 효과			
답)				
1.	Computer 구성요소의 추상화, 가상화의 정의			

도식	Application	APP / OS	APP / OS	APP / OS	...
	OS (운영체제) $\longrightarrow$	하이퍼 바이저			
	Hardware	Hardware			

정의	·하나의 실물 Computing 자원을 마치 여러개인 것처럼 가상으로 쪼개어 사용하거나 여러개의 실물 컴퓨팅 자원들을 묶어서 하나의 자원인 것처럼 사용하는 기술

2.	Virtualization 의 유형	
	Desktop 가상화	PC(데스크탑, N/B 등)에서 실행되는 모든 작업을 중앙 가상화서버에서 수행/저장/변경되도록한기술
	Server 가상화	서버의 물리적 자원 (CPU, 메모리, 스토리지 등)을 논리적 통합, 마치 하나의 서버통해 서비스
	Network 가상화	라우터, 방화벽, 스위치와 같은 물리적 N/W 자원들을 마치 하나의 자원처럼 사용하는 기술
	OS 가상화	운영체제 종류에 상관없이 하나의 Server나 PC에 서로 다른 OS를 설치/사용하는 기술
	프로세스 가상화	1대의 Computer에서 여러 운영체제(OS)가 동시에 가동할수 있는 기술
	스토리지 가상화	여러 스토리지 자원들을 단일 Pool로 통합 사용자가 파일이나 Volume등 사용 편리

		운영 편리성	운영 편리→거래 비용 발생
		System 가용성 증가	SAN & NIC 이중화, VM 이동 등의 기능→ 다운 Time 감소, 효율적인 Clustering
		현업요구에 즉시 대응	장비공급 & 서비스 정책 변화, 신규 업무 도입 등에 대해 신속히 대응
		개발 & 테스트 & 운영 생산성	-협업기능 극대화, VM 라이브러리화 가능 -VM Template, Snapshot, Cloning 등
		효율적인 DR & HA구성	-저 비용의 N+1 Redundancy 구성 가능 -편리한 System Backup & Recovery

끝

문 37) 가상화(Virtualization)의 목적과 기술

답)

1. 편리한 논리적 구조 확보, 가상화의 개요

  가. 논리적 재구성, 가용자원의 양 제공, Virtualization 정의

  - Infra, N/W, Storage 등 통합하고 논리적 재구성 통해 물리적 객체와 상호호환되도록 하여 자원 효율성 극대화 기술

  나. 운영비 절감, IT ROI 확보, 가상화의 효과

친환경구현	열/탄소발생 저하, 친환경 구현, GreenIT
TCO절감	잔여자원(CPU, 메모리 등) 재사용, 별도투자감소
정보보호	논리적 가상화는 기밀정보유출의 원천 차단

2. 가상화의 목적과 Virtualization의 기술

  가. Cloud Computing에 적용, 가상화의 목적

성능확보	IT자원 논리적 통합(Pool), Computing 자원 업
Coverage향상	더 큰 Application, Traffic 향상, 다양한 DB 지원
가용성 확보	Data, App. Component 등, MSA기반 가용성확보
민첩성	App. OS의 인스턴스들을 결으서 민첩하게 생성
자원최적화	물리적 재구성 없이 IT자원들을 최적화

  나. Virtualization 기술의 구분

구분	유형	가상화 기술
인프라 자원	서버 가상화	파티셔닝, 가상I/O, 하이퍼바이저 등
	스토리지 가상화	블록가상화(N/W스위치 등), 파일가상화(SAN), Tape 가상화(VTL)

3.		Virtualization의 효과 (유형 & 무형)	
	가.	유형의 효과	

유형 효과	설 명
물리적인 서버 감소	-물리적인 Server를 가상서버로 대체 -가상서버 사용, 신규구매 요구감소 & 재활용
Network 장비도입 감소	-서버수 물리적 감소로 물리적 스위치/라우터수 감소 -가상스위치/VLAN/가상이중화등으로 대체 -유휴장비 추가 이중화 가능, 신뢰도 제고
전력 비용감소	-장비 자체 소모 & 장비 최소화에 따른 비용절감 생방관련 소비전력의 대폭 감소
H/W 상면 감소	고가의 상면 비용 절감
H/W유지비용감소	H/W 유지보수 비용 대폭 감소 & 운영 비용감소
S/W 관리비용감소	-License 다운grade 한 경우 유지 비용 감소 -OS 비용은 거의 변화 없음
N/W 관리비용감소	Network 장비 감소 → 비용 감소(관리적)
가상화S/W	가상화 (VMware등) 비용 추가

	나.	무형의 효과	

무형 효과	설 명
물리적인 서버 감소	-물리적 서버를 가상화통한 가상서버로 대체 -가상서버 활용 극대화, 유휴서버 재활용
장비 도입 절차의 신속성	-가상서버 (Virtual Server), 스위치, 디스크, NIC등을 즉시 생성 & 복제

			N/W 가상화	L2~L7 활용, VPNs, VLANs
		정보	파일 가상화	Cluster 파일, Grid 파일 System
			Data 가상화	DBMS 가상화, Data 통합관리등
		Work-Load	트랜잭션 가상화	JVM Load Balancing
			Task 가상화	Computing Grid
			서버기반 가상화	서버 기반 Computing (SBC)
		운영 환경	전사적 Workload	Enterprise Workload Manager
			전력/냉각 효율화	Hibernation, Partion Mobility
			유틸리티 서비스	Metering, Provisioning
			Backup 가상화	VTL Backup, 라이브러리 기반 백업
			Client Desktop	PC 가상화, SBC, VDI 등

"끝"

문 38) 서버 가상화(Server Virtualization)

답)

1. OS 구동 위한 H/W 환경 가상화, Server 가상화 개요

가. Logical 개념으로 분할, Server 가상화 정의

- 서버의 물리적인 자원(CPU, 메모리, Storage 등)들을 논리적으로 통합하여 마치 하나의 Server를 통해 서비스를 받는 것처럼 하는 기술

나. 단일 서버로 구축, 서버 가상화의 효과(특징)

비용효율성	전력/열/공간/ 탄소배출 감소, 서버투자&관리 효율
공간절약	Partition을 통해 여러개의 서버를 단일 서버로 구축
가동률향상	유휴서버 자원 재사용→별도의 투자부담 최소화

2. Server Virtualization의 개념과 설명

개념도

OS   OS   ...

Hypervisor

Hardware

설명1 System의 Hardware를 가상화시켜 하나의 H/W상에 다수개의 운영체제를 실행할 수 있는 환경을 제공

설명2 하이퍼바이저(Hypervisor), 가상 OS. VMM (Virtual Machine Monitor = 가상머신), 크게 두가지 Type1 (Native, 베어메탈방식)과 Type2 (Host) 방식이 존재함.

- Hypervisor란 하나의 Host Computer상에서 동시에 다수의 운영체제 (OS)를 구동시킬 수 있는 H/W와 OS사이의 Software 가상화 platform 임

3	단일서버 구축위한 물리적 Partition 비교		
	종류	설명	
	Physical Partitioning	-하나의 물리적서버를 여러개의 물리적 서버로 분할하여 OS구축 -여러개 물리적 서버가 자원 미공유, 독립적사용	
	Virtual (Logical) Partitioning	-하나의 물리적서버를 여러개의 논리적 서버로 분할하여 OS구축, 논리적 서버들은 일부자원(CPU)을 서로 공유하여 사용가능	

-논리적 자원생성은 Firmware Level에서 가상화 구축이

이루어짐.

"끝"

문 39)	Desktop Virtualization (데스크탑 가상화) - 1
답)	
1.	중앙 가상화 서버 활용, 데스크탑 가상화의 정의 & 효과
가.	개인/기업 정보유출 방지, Desktop 가상화 정의
	- PC(Desktop, N/Book)에서 이루어지는 모든 작업이 사실상 중앙 가상화 서버에서 수행, 중앙서버에서만 실행/저장기술
나.	편리성, On-demand, Desktop 가상화의 효과

편리성	언제어디서나 교감, Web활용 on-demand
보안측면	논리적 망분리, 개인정보 & 기업정보 유출 차단
효율성	개인 PC 가지고 다니지 않아도 ID+PW+OTP로 로그인

2.	Desktop Virtualization의 개념과 설명

개념도
- 관리자 : R/W　사용자1 [이미지 R/W] ← 只 사용자 1
- 중앙 + 사용자2 [이미지 R/W] ← 只 사용자 2
- 서버
- 전역 OS이미지　사용자N [이미지 R/W] ← 只 사용자 N
- 사용자 : 읽기전용, 사용자들의 이미지 R/Write

설명	- 사용자는 모든 데이터를 중앙 가상화 서버에 저장하
	고, 중앙의 가상화서버로 부터 사용자에게 각 실행/처리
	화면의 이미지 값만 전송시켜 논리적으로 망을 분리하여
	구성하는 효과를 제공

3.	Solution 사례
	- SBC(Server Based Computing),
	Thin Client, Network Computing 등

- 각 로컬(PC)영역에 Application을 설치하는 대신 중앙 서버에 Application을 설치해두고 사용자들이 원격으로 Application에 Access할수 있도록하는 Client 가상화

"끝"

문 40) 데스크탑 가상화(Virtual Desktop Infrastructure) - 2

답)

1. 사용자 편리성 확보, 이동성 우연, VDI 정의

- 사용자의 Desktop을 가상화 하여 비용절감(구축비용)

  라이선스관리 & 보안 용이성을 제공하는 가상화 방식

2. Desktop 가상화의 개념도 도식

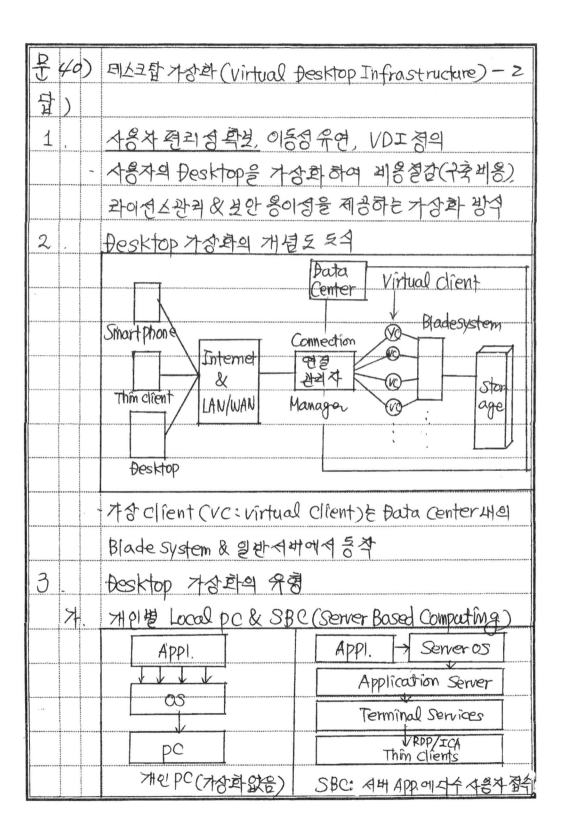

  가상 client (VC : Virtual Client)는 Data Center내의

  Blade System & 일반서버에서 동작

3. Desktop 가상화의 유형

  가. 개인별 Local PC & SBC (Server Based Computing)

Appl.
OS
PC

개인 PC (가상화 없음)

Appl.	→	Server OS

Application Server
Terminal Services
↓ RDP/ICA
Thin Clients

SBC : 서버 App.에 다수 사용자 접속

4. VDI & CCI

VDI	CCI
Appl. / OS / VM → Hypervisor → Server → Session 할당관리 → RDP → Thin Client	Appl. → Server OS → PC Blade/세션할당관리 → RDP/RGS → Thin Client

- VDI : 서버의 가상 PC에 다수의 사용자가 접속
- CCI : 블레이드 PC/WS (워크스테이션)를 개인별로 할당
- CCI (Consolidated Client Infra.)
- ICA (독립 컴퓨팅 구조) : Citrix MetaFrame에 사용 protocol
- RDP (Remote Desktop protocol) : Windows Terminal Service Edition에서 사용되는 protocol
- RGS (Remote Graphics Software)

"끝"

문답	41)	Desktop 가상화에서 Boot storm 발생원인 & 해결방안
1.		Desktop 가상화 예상 issue, Boot storm 개요
	-	Desktop 가상화 적용시 Storage 특정 영역에 같은 OS 이미지에 대한 읽기(Read) 경합이 발생하면서 Storage Cache는 full이 사게되고, HDD/SSD 등에서 지속적인 읽기요구를 처리하여 성능이 떨어지는 현상
2.		Desktop 가상화에서 Boot storm 발생원인

환경

Desktop 가상화 서버

블록단위 I/O 맵핑
부트스톰발생
물리적 LUNs 구분
LUN : Logical Unit Number
스토리지
백업, 미러링
OS
Data

① 수천명 동시사용자
User 1
User 2
User 3

설명 ① Desktop 가상화는 보통 수천명 이상 환경에서 구축

② 사용자별로 OS 영역과 Data(사용자) 할당. 충 필요한 스토리지 용량은 수백 PC(peta)B 까지 필요하며

③ 미러링 방식의 RAID 구성시 엄청난 양의 스토리지 필요

④ 사용자 특정(출근등) 시간에 동일 Booting, Login, Virus 검사를 동시에 수행시 Boot storm 발생

3.	Boot storm 해결방안

- Storage 효율화 측면에서 중복 제거, Thin provisioning 등의 다양한 공간절감 기능을 활용 가능
- Desktop 가상화 환경 또한 효율적으로 관리하기 위해 빠른 시간에 수천 개의 가상머신을 복제 & 프로비저닝 할 수 있으며 빠른 페이지 캐싱(Page Caching)을 통해 다수의 사용자들이 동시에 가상장치들을 부팅할 수 있는 구성으로 Boot storm 해결이 가능함.

"끝"

문42) 대표적인 가상화(Desktop, Server, N/W, OS, Process 등)의 개념과 적용효과, 사례를 설명하시오

답)

1. Computer 자원의 추상화, 가상화의 개요

  1개의 자원을 여러개로 나눌수 있거나, 여러개의 자원을 하나인 것 처럼 통합 하는 추상화 기술

2. Desktop/Server 가상화 개념/적용효과/사례

구분	분류	설 명	
Desk-top	개념	중앙 가상화서버 통해 Desktop의 모든 작업 실행/저장/변경 되도록 하는 기술	
	적용효과	보안	민감정보 유출의 원천적 차단
		사용성up	언제 어디서든 IP망에서 접근가능.
	사례	VDI, ZeroPC 등	
Server	개념	서버의 물리적 자원 들을 논리적으로 통합 하나의 서버에서 서비스 되게하는 기술	
	적용효과	친환경	탄소중립, 온실가스등 탄소 배출 감소
		운영	Partition 통해 여러 서버를 단일화
		재무적	유휴 서버 자원 재사용, 가동률 향상
	사례	Zero client, SBC 등	

3. N/W, OS, Process 가상화 개념/적용효과/사례

구분	분류	설 명
N/W	개념	Router, Firewall, Switch와 같은 물리적

				개념	N/W 자원들을 마치 하나의 자원처럼 사용
			N/W	적용 효과	단일 N/W가 여러 개의 가상 Network로 구성할 수 있으며 서로 영향을 주지않고 N/W 자원에 Access하며, 일관성 있는 관리 가능
				사례	VPN(Virtual Private N/W), VLAN (Virtual LAN), MPLS 등
			OS 가상화	개념	운영체제 종류에 상관없이 하나의 서버나 PC에 서로 다른 OS를 설치/사용하는 기술
				효과	전력 사용 절감, System 유지관리 간단화
				사례	VMware (Linux와 Windows 가상화) 등
				유형	‑운영체제 가상화 유형 (OS제어 가상화)
					① Virtual OS: 하나 & 다수 Host 기반 여러 가상 OS 구현
					② CPU 가상화: 하나의 CPU를 여러 OS가 서로 공유
					③ 메모리 가상화: 여러 OS가 하나의 메모리 서로 공유
					④ N/W 가상화: 물리적으로 제한된 NIC (N/W Interface Card), 회선 & Network 대역폭을 여러 OS가 서로 공유하여 사용
					⑤ I/O 가상화: 외장 Disk (HDD, SSD, USB 메모리) 등 여러 OS 논리적으로 분할하거나 공유
					⑥ Security 독립성: 하나 & 여러 Host 기반 구축된 복수의 OS들은 물리적으로 단일 OS와 같이 보안 & 선점된 자원 사용에 있어 독립성 부여

	Process 가상화	개념	1대의 Computer에서 여러 운영체제(OS)가 동시에 가동할수 있는 기술	
		적용효과	-Computing 자원의 사용성/활용성 강화 -여러 OS 동시활용 환경 구축 가능 → 효율성	
		사례	MS의 경우 최대 4개 OS 지원 (라이선스 준수)	

"끝"

문 43) Desktop 가상화의 유형과 적용사례

답)

1. Desktop 가상화 (VDI)의 유형

- SBC 기반의 App / desktop 가상화와 Client 가상화등

2. Desktop 가상화의 유형

구분	App. 가상화	데스크탑 가상화	Client 가상화
특징	서버에 S/W와 Data가 탑재, 사용자는 PC로 I/out 장치로만 사용됨	-사용자별 개인화 된 데스크탑을 중앙서버에서 제공 -PC OS는 단지 OS 부팅위한 S/W	Client PC에 외부와 격리된 암호화된 가상 공간 구축, 정보유출 방어 업무환경 지원 가능
유형	-터미널 Service -App. 스트리밍	가상 Desktop(OS) 스트리밍	-H/W 가상화 -S/W 가상화
장점	-1:N 모델 -원격관리 가능 -동일한이미지, -Driver 표준화 -신속한 전개	-부하관리 자동화 -시스템 자원(Cpu 메모리, N/W 등) QoS, 스케줄관리 -개인 맞춤환경	-사용자 PC의 Local 자원사용, 성능보장 -사용자는 Client 환경 에 App 설치 사용 -개별 보안적용 불요

| | | 단점 | -서버오류시 전체 사용자 영향받음 | 3D 환경등 고성능 자원 제공 미흡 | Data (민감정보)는 Client 환경에 저장 |

3. Desktop 가상화 적용사례

적용사례	설 명
가상화 기반의 망분리	가상화 도입→논리적 망분리 통한 N/W투자 비용절감 & 전력, 공간확보→투자비 감소
사내 개발망 접속 시스템구축	본사 내에 가상 데스크 탑을 구축, 사용자는 가상 데스탑을 통해 본사 망에 접속→Data 유출 방지
System 개발 머신 통합	가상화 기반 통합→개발자원 활용을 증대 & 주요 개발 기술 보안유지 & 유출방지
본사-협력사 협업 시스템 구축	Web potal이 아닌 가상 Desktop통해 허용, 포털 구축 비용 절감 & 협력사통한 데이터유출방지
아웃소싱 Desk-top 통합	아웃소싱 업체 통한 Data 유출방지 & 아웃소싱 업체 Desktop의 자산관리 일원화

"끝"

문44) 현재 사용중인 PC의 가상화 도입 필요성과 가상화 환경과의 비교 설명하시오

답)

1. 가상의 업무자원 System, PC 가상화의 정의

   정의 → 사용자가 Thin client와 같은 Local Device를 이용해 Data Center내의 가상 PC 가상 머신(VM)에 접속해 Data나 OS, Application 등을 활용하는 기술

2. 현 PC의 문제점과 가상화 도입 필요성

   가. 현 PC의 사용상 존재하는 문제점

구분	문제점
비용문제	TCO증가, 잦은고장&업그레이드, S/W도입등
환경이슈	전자파, 소음, 열 발생, PC본체 & Cable공간차지
보안취약	중요 Data의 보호 보안 취약, 외부 해킹 경우 취약용
정보유출	업무용 PC내 정보저장, 행정정보 유출 사고
사용불편	정보보호 강화 PC의 외부망 연결시 불편

   나. 가상화 도입의 필요성

구분	필요성
관리자 측면	- APP. N/W, 단말기의 집중관리 가능, 보안
	- 유지보수 편리, 예산 감소가능, 정보자원 관리
	- 노후장비 교체 빛음 등 자산관리 업무 감소
사용자 측면	- 업무 지속성 & 생산성향상, 외부환경에서도
	사무실 PC와 동일 조건 업무수행, Easy 백업

			소음, 먼지, 전자파 등 유해환경으로부터 보호	
3		PC환경과 가상화 환경 비교		
		구분	PC환경	가상화 환경
		Data관리	Local HDD	중앙통합(통합스토리지)
		정보유출 보안관리	HDD, 이동식 저장장치에 의한 정보유출 용이	중앙통합 강력한 보안 정책적용 - 유출원천차단
			사용자별 개인환경 보안관리	보안 레벨에 따라 사용 자별, Group별 관리
		PC관리	사용자별 직접 관리	중앙통합 관리
		S/W배포회수	사용자별 직접설치&삭제	일괄 배포&회수
		이동성	PC설치위치 고정	시간/장소 관계없이 사용

"끝"

문 45)	정보 System에서 가상화(Virtualization) 기술
	활용효과에 대해 설명하시오
답)	
1	기업의 Real Time Enterprise 실현, 가상화 활용
	- 정보자원/자산의 관리 & 실행의 노력을 줄여 최선의
	정보환경을 유지하는 것을 목표로하며, RTE를 구현하기
	위해서 가상화는 기반기술로서 활용 가능
2	가상화기술 구성과 활용
가	가상화기술 구성(Physical - virtual - Logical 파티션)

분류(활용)	설 명
정보자원	- 동일 물리서버에 여러개의 APP. 서버들이 독립적으로 운영되는 Hardware 가상화 지원
유연성	- 하나의 서버에 많은 System을 탑재 가능,
확보	- 중복 H/W, S/W 도입 방지, TOC 절감
Green IT	여러 개의 Hardware 자원에서 사용하는

가상화기술 구성 (Physical - virtual - Logical 파티션)

- Logical Partition ← 서비스 콘솔
  - APP. | APP. | APP.
  - Window | Linux | Unix
- Virtual Layer
  - VMware 가상화 Layer
- Physical Layer
  - CPU | Memory | 스토리지 | NIC

- 가상화 기술을 활용한 Infra 자원의 활용

나. 가상화(Virtualization) 기술의 활용

		Green IT	전력량을 가상화 기술을 활용하여 통합, 획기적인 전력사용량 절감
		가상 Appliance 실현	- 단말기에 전원만 공급, Web통한 응용 App. 실행 - 유연성확보, TCO절감 - Cloud Computing, SaaS, 보안등 활용분야다양 - OS최소화 Hypervisor경량화 기술도입. - 실행가능 App. 자동구성 기술등 맞춤형제품가능
		Cloud Computing 환경 실현	Cloud Computing 구성 - 유연성확보, TCO절감 - Cloud Computing 개방형표준, Open s/w, 핵심 차세대 Computing 기술접목, 프로비져닝, 가상화기술

3. 가상화 기술 적용 전망

분야	설명
Green IT	친환경 저전력 소비 위한 서비스와 System 보료, 자원의 효율적 점유와 해제 가능, 자원 이용률(Usage) 향상, 가상화 기술주목
가상 어플라이언스	Application 실행 환경을 포함한 Solution 으로 활용은 Grid Computing, Cloud

			Computing, SaaS, 보안, 플랫폼 등 다양하게 활용
		S/W 유통	Software Service 형태로 이용하는 개방형 Software 산업 생태계를 지향하는 SaaS 산업이 S/W유통산업의 주류로 등장
		Cloud Computing	Software platform을 주도하는 업계 중심으로 방대한 Computing 자원들의 효율적인 관리에 최적화된 Cloud Computing 기술이 부각됨
		임베디드 가상화	서버 이외의 컴퓨팅 거기 발전에 의한 자원 활용성, 이식성, 호환성, 안전성, 민첩성 등을 고려하여 최근 임베디드 분야에서도 가상화기술 적용 움직임

"끝"

문 46)	스토리지(storage) 가상화	
답)		
1.	Tape Device를 HDD로 인식, 스토리지 가상화 개요	
가.	이기종 저장장치 통합관리, Storage 가상화 정의	
	- 복잡하게 구성되어 있는 Storage 자원들을 사용자가 사용하기 편하고 간단한 파일이나 Volume & 다른 형색의 저장매체로 보이도록 해주는 기술 (Tape → HDD)	
나.	Storage 구성의 발전 과정	
	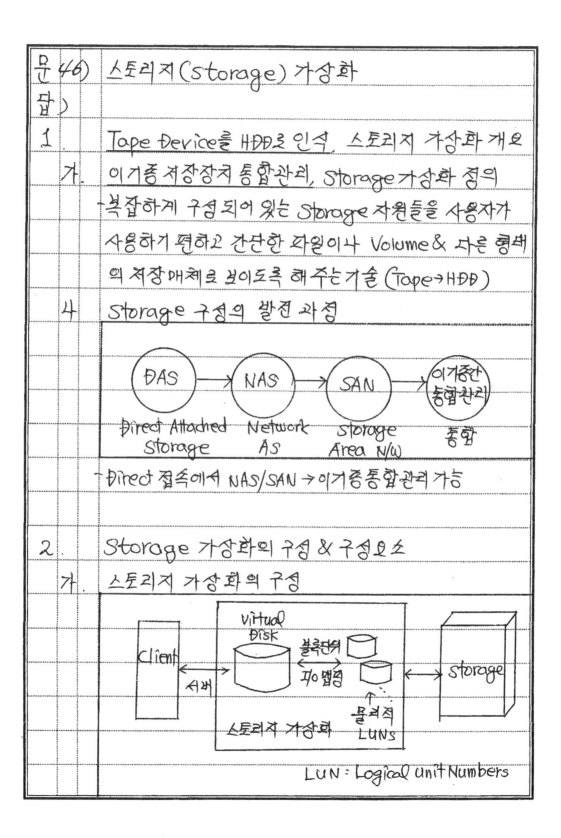	
	- Direct 접속에서 NAS/SAN → 이기종 통합관리 가능	
2.	Storage 가상화의 구성 & 구성요소	
가.	스토리지 가상화의 구성	

DAS → NAS → SAN → 이기종간 통합관리

Direct Attached Storage   Network AS   Storage Area N/W   통합

Virtual Disk

Client   서버   블록단위 I/O 맵핑   물리적 LUNS   storage

스토리지 가상화

LUN : Logical Unit Numbers

Logical View   physical View

가상화 변환기

파일 [////////] Data Block
파일 System

LUNs [////////] Disk
스토리지 Controller

Storage [////////] Array
Pool
Software

- File System 에는 NTFS, FAT등이 있음

4. Storage 가상화 구성요소

구분	내용
블럭단위 가상화	Client(Host)가 물리적인 LUN을 인식하는 것이 아니라 가상화 솔루션이 제공하는 가상스토리지 LUN을 인식, 개별스토리지 장비에 종속되지 않음
스토리지 디바이스 자원관리	하나의 화면에서 기종,업체에 상관없이 모든 관리 작업(RAID구성,장비상태확인등)을 수행하는 솔루션
블럭단위 파일공유	NAS를 이용한 이기종간 파일공유를 초월, 대용량의 고속 I/O 블럭처리를 위한 SCSI 레벨 블럭공유

3. Storage 가상화 구현방식

가. 설치위치에 따른 가상화 구축방식

구분	내용
Network 중심	- 여러개 Disk를 연결하는 N/W에 별도시스템 구성

	N/W 중심	-SAN 스위치에 가상화 Application이 구동되는 별도서버를 설치하는 N/W 중심의 가상화 방법
	스토리지 중심	Storage 자체가 가상화 기능 보유 (탑재)
	서버중심	서버에 가상화 S/W을 설치해 사용하는 방법
4.	처리방식에 따른 가상화 구축 방식	
	Out-of-Band 방식	-서버와 Disk간 I/O에 가상화 장비 미개입 -Data는 물리적 Storage로 부터 Host로 직접 전송되며 SAN 대역폭을 완전하게 사용가능하므로 성능저하가 없음
	In-Band 방식	서버 (Server)와 디스크 (Disk)간 I/O에 가상화 장비가 개입하는 방식
4.	Service 종류	
	Block 단위 가상화	Host가 물리적인 LUN을 인식하는 것이 아니라 가상화 Solution이 제공하는 가상 스토리지 LUN을 인식, 개별스토리지 장비에 미종속
	스토리지 디바이스 자원관리	하나의 화면에서 기종, 업체에 상관없이 모든 관리 작업을 수행 할 수 있는 Solution
	Block 단위 파일공유	NAS를 이용한 이기종간 파일 공유를 초월하여 대용량 고속 I/O블록 처리 위한 SCSI 레벨블록

고려사항 &

4.	가상화에 의한 통합관리 개념 & Storage 가상화 효과
가.	가상화에 의한 통합관리 개념

① Disk Array와 같이 다른 성능 & 특성 장치를 Application에 적절한 성능수준에 맞춰 동적지정가능

② Resource 할당 자동화 가능 → 최소한의 직접조작 → 서비스 품질 (QoS) 수준을 만족 시킬수 있음

③ 부서등 기업의 사용자 그룹이 사용하는 저장 Resource 를 Easy Monitoring 가능

4. Storage 가상화 효과

구분	내용
Infra 운영자 측면	- Storage Infra를 통합함으로써 산재된 Storage에 대한 자원활용의 효율성 - 통합스토리지 problem, 구성관리의 일원화 - 스토리지 Capacity / 투자 등 용이
Data 관리자 측면	- Data 분류에 따른 보관 & 접근 정책 설정 하고 이에 따라 효과적인 Storage에 저장되게 함으로써 Fast 접근 & 안정적 보관 가능 - Data관리에 대한 규제 & Compliance 준수용이 - Biz중심 Data (Master Data) 안정적 관리 - 문서 (Data) 보관에 대한 획기적 비용 절감
Biz측면	- Biz의 급속한 변화에 대해 빠른 (Fast) 인프라 (Infra) 대응 가능 - 신규 Biz 사업에 대해 Historical 한 의사결정 Data 제시를 통한 Biz 민첩성 향상

라. Storage Pool을 포함 Storage 가상화 구현시 고려사항

① Data의 양 & Biz 정책에 따른 적절한 Storage Infra를 설정해야 함

② Storage Data손실시 복구를 위해 Backup System 구축시 Data의 중요도에 따른 Backup 우선 순위 정책

③ 이 기종 System & Storage가 통합될수 있는 가상화 Solution 도입 검토가 중요

"끝"

문 47)	Desktop 가상화와 Storage (=Disk) 가상화	
답)		
1.	보안 & 민첩성(Agility)강화, 가상화의 개요	
	가.	Desktop 가상화(Virtualization)의 정의
		- 중앙 Data center의 서버 자원을 이용해 Desktop 업무환경을 개별 임직원에게 N/w상에서 제공하는 기술
	나.	Disk virtualization의 정의
		- 가상화의 범위가 Desktop 전체가 아닌 사용자 PC의 Disk만을 가상화하는 것으로, 기업의 통합 Disk를 사용자 PC의 저장공간으로 가상화 하는 기술
2.	Desktop 가상화와 Disk 가상화 도식과 설명	

Desktop 가상화	Storage 가상화
도식	도식
설명 -초기에 1대의 PC에 여러 운영체제(OS)를 설치 하는것 (CPC 가상화) -보안성강화 : 업무망과 개인 망을 분리하여 보안 강화	설명 -기업의 모든 업무 자원 생성부터 관리, 기존 사용자 Computing 환경 그대로 활용 -저장공간만 가상화, 자속 가상화와 보안가상화 지향

3		Desktop & Disk (Storage) 가상화 장/단점, 고려사항

가. 장/단점 설명

구분	Desktop 가상화	Disk 가상화
장점	① 사용자 : Web환경 언제 어디서나 사용 ② 업무/개인 망 분리(보안) ③ 중앙관리	① 도입 비용 저렴 ③ 사용자 학습 불필요 ③ 기존 H/W, S/W 재사용
단점	① 막대한 도입초기비용 ② N/W 대역폭 한계(동영상) ③ 적극적 참여 어려움(보안)	① 중앙관리 어려움 (CPC) ② 보안 장점 대비 관리 비용 절감 효과는 미비

나. 고려사항

- 각 업무영역별 특성고려한 가상화 필요(예시)

영업직	- POS시스템 사용 모바일에서는 Application 가상화
공정제어 PC	- Desktop 가상화 통한 실시간 공정제어
디자인팀	- Disk 가상화 통한 효율적 공유(Data)

"끝"

문48)	Application 가상화

답)

1. 필요한 만큼 Application 사용, App. 가상화개요

- Application은 기존 Infra에서 분리되어 중앙의 공유자원 pool에서 통합관리되며 필요할 때마다 설치 & 회수가 가능.

2. Application 가상화 동작원리

			Application
	1단계	정적(Tightly-Coupled)이고 Silo화된 Data center Infra 에서 Application들을 분리	Ⓐ Ⓑ Ⓒ
	2단계	분리된 Application을 중앙에 모아두고, 공유자원 pool(인프라 pool)과 합쳐 중앙관리 & 제어	공유자원 풀
	3단계	Application에 자원을 다이나믹 하게 할당 -On-demand, 캘린더 스케줄 -Biz 우선순위 -SLA & QoS 제공	8.15 AM App1 App2 App3 8.30 AM App1 App2 App3

- 필요 Application들을 Silo화된 서버에서 분리하여 중앙집중화하고 필요한 Client에 제공

3. Application 가상화 사용시 기대효과

① 기업 Biz Application 등에 적용가능하며 동적으로

PART 3. 가상화(Virtualization)   149

필요한 용량만큼 Application을 할당 할수 있어
비용절감 효과 ② 성능 & 자원 사용량 Monitoring을
통해 동적 할당함으로써 설정한 정책에 따라 능동적인
Application 운용관리 가능 ③ 자동관리와 운영최적화
를 통해 Server 운용율 향상 & Application License
비용절감 가능.

"끝"

문 49) 서버 가상화 방법중 Hardware 파티셔닝(Partitioning) 기법 2가지 & 활용효과

답)

1. 물리적 자원의 논리적 View, 가상화 기술의 개요

　가. 서로 다른 자원의 논리적 View, Virtualization 기술 정의
- 사용자에게 컴퓨터 자원을 사용함에 있어 단순하고 일관성 있으며, 편리한 논리 구조를 갖게하여 비용 & Infra 관리를 향상시키는 기술

　나. Virtualization의 유형

```
                    ┌──────────┐              ┌──────────┐
                    │ 서버 가상화 │              │ 스토리지 가상화 │
                    └──────────┘              └──────────┘
            ┌────────┴────────┐         ┌────────┬────────┴─────┐
        ┌───────┐      ┌───────┐    ┌───────┐ ┌───────┐ ┌───────┐
        │ 서버내  │      │ 서버들간 │    │ 블럭   │ │ 파일   │ │ 테이프 │
        │ 가상화  │      │ 가상화  │    │ 가상화  │ │ 가상화  │ │ 가상화  │
        └───────┘      └───────┘    └───────┘ └───────┘ └───────┘
        - 파티셔닝       - 모빌리티      - 어플라이언스  - SAN    - VTL
        - 가상 I/O       - 모듈러방식     - N/W스위치   - 파일System
```

2. Server 가상화의 개념 & Hardware 파티셔닝 기법 2가지

　가. Server Virtualization의 개념
- 한대의 물리적 Server 자원을 분할해 가상적으로 몇대의 서버(Server)가 동작하고 있는 것 처럼 보이게 하는기술 → 서버가상화 & 가상서버기술
- 복수의 물리서버를 가상적으로 한대의 Server가 동작하는 것 처럼 보이게 하는 기술 → IT통합화 (Consolidation) 또는 서버통합

서버 가상화

가상 서버 / 서버 통합

파티셔닝
*OS 레벨 가상화
물리파티셔닝
물리파티셔닝

가상머신
단전가상화
의사가상화

단전가상화

4. Hardware 파티셔닝 기법 2가지와 활용효과

기법	설 명	활용효과
Static 파티셔닝	기존의 파티션 구성 변화 서 전체 & 적어도 연관있는 파티션들만이라도 재부팅을 해야함	-금융,통신등 System의 안정 성과 가용성이 최우선의 요건 인 기업에서 채택 -Database와 DW, ERP 등의 업무에 적합
Dynamic 파티셔닝	-System 운영중에 다른 파티션의 업무에 영향을 주지않고 파티션 조정& 제거가능 -몇개의 명령어만으로 Busy 파티션으로서 많은 자원(CPU,메모리)을 할당가능	-각 Application은 원하는 서비스 수준에 도달하기 위해 필요한 Hardware 자원을 보다 탄력적으로 활용가능 (Static이 아닌 Dynamic 파티셔닝 으로 구성시 가능)

3		가상화 기술의 적용	
		분야	설 명
		그린 IT	친환경 저전력 서비스 System 보급 → 순간적 자원 점유후 해제하여 컴퓨팅 자원 Usage 향상
		가상 어플라이언스	App 실행환경 포함, Grid Computing, SaaS, 보안등 가상환경에 도입 가능 분야에 많이 활용
		S/W 유통	S/W 서비스 형태, SaaS S/W 유통산업의 주류
		Cloud 컴퓨팅	방대한 Computing 자원의 효율적 관리 최적화
		Embedded 가상화	자원 활용성, 이식성, 호환성, 안정성, 민첩성 등을 고려하여 Embedded 분야에서도 적용 가능성

"끝"

문 50) 가상화(Virtualization), 전가상화, 반가상화

답)

1. IT자원의 효율적인관리&운영, 가상화 개요

   가. 비용절감등, 가상화(Virtualization)의 정의

   물리적으로 한개& 다수의 자원을 논리적으로 통합 혹은 분할하여 효율적으로 자원을 사용하는 기술

   나. Virtualization (가상화)의 종류

서버 가상화	논리적인 관점에서 (중앙서버) 서버관리
스토리지 가상화	저장장치를 통합&분할관리&운영
Host OS "	하나의 OS환경을 복수의 OS로 분할
Hypervisor "	여러 OS가 한 HW상에서 운영
기타	Desktop 가상화, N/w 가상화등

2. 전 가상화 (Full Virtualization) 도식과 설명

   가. 전 가상화의 도식

		· H/W를 완전히 가상화 함, System BIOS, CPU, 메모리 등 System의 모든 H/W 가상화, Guest OS 수정불필요
	나	전가상화 동작설명
		① Guest OS(리눅스, Window등)→HW 제어요구전달 모두
		② CPU 가상화인 Intel-VT등에서 Hypervisor로 H/W 제어
		③ Hypervisor에서 Host OS로 H/W 제어 명령
		④ Host OS에서 Hardware 제어
		· Geust OS들과 H/W 사이에 가상머신(Hypervisor) 사용
		· Geust OS에서 발생한 H/W 접근은 Host OS 통해 접근
		· Geust OS와 H/W 사이에 Hypervisor, Host OS 거쳐 전달하므로 성능 떨어지지만 Guest OS 수정없이 사용가능
3		반 가상화 (para-virtualization)의 도식 & 설명
	가	반 가상화의 도식

- H/W의 반 정도만 가상화, 나머지반은 실제 H/W 그대로사
- 전가상화 대비 속도 빠름, Guest OS 수정 비용 필요,

4. 반가상화 동작설명

| ① Linux(open 소스 OS) Hardware 제어 요구 |
| ② Hypervisor에 의해 Hardware 제어 명령 |

- 특권모드 명령어를 Hyercall로 변환하여 실행
- Guest OS의 명령을 중간 단계없이 바로 H/W에 전달,
  성능은 향상되지만 Guest OS의 커널 수정 필요
- Window 처럼 소스가 open되지 않은 상용 OS는 적용어려움

다. Host OS와 Guest OS의 의미

| Host OS | 현재 PC나 서버에 Main으로 사용중인 OS |

| Guest OS | 현재 Main(Host)으로 Windows OS가 |

Host OS로 사용중일때 Linux, Unix, 우분투등을 설치
가능한데 이런 OS를 Guest OS 라고함

4. 가상화의 주요기술과 고려사항

가. 가상화의 주요기술

항 목	설 명
Hypervisor	Guest OS와 Host OS간 가상화 S/W
Partitioning	물리장치를 논리적으로 분할하는 기술
Provisioning	논리적 구성장치의 접근권 한관리, scale -out
Grouping	물리적 장치를 논리적으로 통합

4. 가상화시 고려사항

항목	고려사항
장애 Point	장애요인시 Log저장/분석, 다수 Hardware 관계 (연계정의서 등) 정리, Monitoring 도구 필수
Security	Hypervisor & 통합 & 분할시 보안고려
Lock-in	Vendor간 비호환성으로 가상화 제한여부, 사전 Spec, 확인 & 설치시 고려 필요
복잡성, Cost	Backup, 가용성/성능복잡요인 해소, 가상화 장비 도입 내역 관리등

- 특권 명령어 : 시스템 요소(H/W)들과 소통할수
  있는 명령(OS만 가능)   "끝"

문 51)	가상머신 (VM)과 컨테이너 (Container) 비교

답)

1. 가상머신과 컨테이너의 개요

가. <u>Hypervisor</u> 활용, Virtual Machine의 개념 & 정의

〈가상머신 개념〉	〈가상머신의 정의〉
VM. / VM App1../ APPn Guest OS / Guest OS 하이퍼바이저 Host OS H/W	하이퍼바이저(Hypervisor)를 통해 물리적인 자원을 재구성하여 논리적(Logical)인 자원으로 제공하는 가상 (virtual) 컴퓨팅 (Computing) 환경

- VM은 Guest OS로 완전 격리되어 Host OS에 종속성 낮음

사. Container 엔진 사용, 컨테이너의 개념 & 정의

〈컨테이너 개념〉	〈Container의 정의〉
APP1.. / APPn Bins.. / Bins Libs.. / Libs Container 엔진 Host OS H/W	컨테이너(Container) 엔진을 통해 물리적인 자원을 격리하여 논리적인 (Logical)인 자원으로 제공하는 가상 컴퓨팅 환경 (virtual Computing)

- Container는 Appl. 단위 격리로 성능 저하 방지가 가능하나 Host OS에 종속성 존재

2. 가상머신과 Container 상세 비교

항목	VM	Container
구성도	VM [Appl. Guest OS] VM [Appl. Guest OS] / Appl.1 / Hypervisor / Host OS / H/W	Con. Con. ... / Libvirt / 리눅스 커널 [Name Space] [Cgroups] / H/W
구성요소	Hypervisor, Host OS, Guest OS	LXC, Namespace, Cgroups, Libvirt
가상화방식	전/반가상화	LXC기반컨테이너 기술
OS지원환경	다양한 OS	단일 OS지원 (Host OS)
Appl.종속성	완전격리로 종속성 낮음	Host OS에 종속
오버헤드	Guest OS (오버헤드)	Overhead 낮음
성능	오버헤드로 성능저하	성능저하 낮음
실행환경	Guest OS 기반	Container 기반
H/W관리	- Type-1 (Bare Metal): 베어 메탈서버에 하이퍼바이저 기동 - Type-2 (Hosted): Host OS 에서 Hypervisor 기동	- Namespace: 운영환경고립, 독립적인 공간 제공 가능 - Cgroups: process 그룹에 대한 자원 제한/격리/모니터링
제품	VMware, Hyper-v, KVM, Xen	LXC, Docker, kubernetes

- Linux Container 기반 기술은 개발용이, 성능 장점.

- Hypervisor 기반 기술은 독립성이 높아 개별서버에 적합

3. System 유형별 가상화 기술 선택 기준

선택 기준	세부 내용	가상화 기술
서버별 역할 차이	- WAS서버와 DB서버 - 서로 다른 App서버	Hypervisor
서버역할 동일	- 개발서버와 운용서버 - 동일한 App서버	Linux Container

"끝"

문 52)	컨테이너 가상화(Container Virtualization)		
답)			「개요
1.	Container 기반 OS level 가상화기술, 컨테이너 가상화		
가.	Container 가상화 기술의 정의		
	단일 Control Host 상에서 여러개의 고립된 Container		
	들을 실행하기 위해 cgroups를 활용하여 자원을 할당하는		
	빠르고 경량화된 가상화기술		
나.	Container Virtualization의 장단점		
	장점	빠른 시작과 종료속도	가상환경이 Kernel에서공유, 새로운 커널을 시작할 필요 없음
		높은 집적도	하나의 동작 OS기반 소비자원고밀도화
	단점	Host OS에 종속적	LXC의 경우 Linux 커널 기반동작
		Container별 커널구성불가	전체 Container에서 보이는 장치나 로드되는 Kernel 모듈은 동일
2.	Container 가상화 구성도 & 구성요소		
가.	Container Virtualization 구성도		

- Application에 필요한 라이브러리, 구성파일 &
Runtime 등의 환경을 package로 제공

4. 주요 Container 기술

주요기술	설　　명
LXC	단일 Linux Host에 다중의 독립된 리눅스 컨테이너들을 운영하기위해 운영/시스템 Level 가상화 기술
Cgroups (Control Groups)	CPU, Memory, Block I/O, Network 등의 자원들을 할당하고 제어하는 기술
Namespace -s	하나의 System에서 수행되지만, 각각 별개의 독립된 공간인 것처럼 격리된 환경을 제공하는 기술
SELinux	Container간 상호간섭을 격리하기위한 역할 기반의 접근제어 보안기술

3. Container 가상화 기술과 Hypervisor의 비교

구분	컨테이너 가상화	Hypervisor
구성도	App.4 / App.2 / 컨테이너1　　App.1 / App.2 / 컨테이너2　　Host OS　　Hardware	App.1 / App.2 / 게스트 OS1　　App.1 / App.2 / 게스트 OS2　　Hypervisor　　Host OS　　Hardware

목적	Application 실행 환경 가상화	OS운용 환경의 가상화
특징	Appl. 실행환경, 자원, Lib	Host system H/w 가상화
기술	Run-time 환경, 독립적	Full/para (전/반) 가상화

-구글 Cloud Computing edge, 구글 앱 엔진등에서

Container Service 제공

"끝"

문 5중) 가상화기술인 Docker

답)

1. OS수준의 Container기반 가상화, Docker의 개요

개념도	정의
App.A App.B Bins/ Bins/ Libs Libs Docker Engine Host OS H/W(Infra.)	① 리눅스의 응용 프로그램들을 S/W Container 안에 배치시키는 일을 자동화하는 오픈소스프로젝트 ② Hypervisor 없이 리눅스 컨테이너를 이용, Process 단위별 실행환경을 제공하는 경량 가상화기술

2. 가상화 기술의 도커 (Docker) 아키텍처 & 기술요소

가. 도커(Docker)의 아키텍처 구성

Build된 Container 이미지를 Docker Registry에 Push, Pull하여 관리하고 필요시 Image 단위로 배포

나. 도커(Docker)의 기술요소

구분	기술요소	설명

		Client	CLI	Command Line Interface를 통해 Image Build & 배포 (Release)
			Remote API	Host의 Daemon과 연결하여 Container Image를 Build, Pull, Push, Run
		Host	Containers	- Image 실행 상태, Application을 구동하는 환경을 격리한 공간. - Cgroups과 namespaces가 결합, Linux Container (LXC)라는 컨테이너 기술이 탄생 - Cgroups : CPU등 System 리소스 사용량 관리 - namespaces : Process 처리
			Images	- Container 실행에 필요한 파일과 설정값 등을 포함하는 File. - Layer 개념 이용, 원본 이미지에 대한 중복을 없애고 수정된 값만을 관리하여 System이 경량화
			Daemon	Host에 설치되어 Client, Containers, Images, Registry 관리하는 process
		Registry	Docker HUB	Docker 이미지를 저장&등록관리
	다.	Images와 Containers의 의미		
		Images		① Union File system 이용, 여러 Layer를 하나의 File system으로 사용할수 있도록 정의 ② 여러개 Layer로 구성, 파일이 추가/수정시 기존 Layer는 변하지 않고 그위에 새로운 Layer 생성

			③ 파일 수정시 전체 설치 없이 추가된 새로운 Layer만 다운
		Contain -ers	① 기존 Image 레이어 위에 Read/write 레이어 추가 ② Image Layer를 그대로 사용하면서 컨테이너가 실행중에 생성하는 File & 변경된 내용은 Read/write Layer에 저장되므로 여러 Container를 생성해도 최소한의 용량만을 소모
3.			Docker의 System 경량화 위한 Layer설명

```
 Web APP 소스
LayerC   ngmx    ngmx        R/W Layer
LayerB   LayerC  L C
LayerA   LayerB  L B    Web app image Layers
ubuntu   LayerA  LayerA
         ngmx    Web app
```

←――――― Docker Image ―――――→ Docker Container

- Docker는 리눅스 컨테이너(Linux Container, LXC) 기술 바탕으로 Application을 격리된 상태에서 실행하는 가상화 Solution, 가상머신, 특히 Hypervisor 기반 가상화의 보완책임

"끝"

문 54) 가상화를 실현하기 위해 OS와 Hardware 사이에 구현하는 VMM(Virtual Machine Monitor)에 대해 설명하시오

답)

1. H/W와 OS 사이의 Software, VMM의 정의와 구성도식

가. 하이퍼바이저 (Hypervisor)라고도함, VMM의 정의
- 하나의 Hardware를 복수의 OS & Application에서 공유하여 다수인 것처럼 인식 & 활용 하게 하는 H/W와 운영체제 (OS) 사이의 Software

나. VMM의 도식

OS에 의한분리	VMM에 의한 분리	OS에 의한분리

App.	App.		App.	App.

서비스요구 ↕

OS(Guest OS)		OS(Guest OS)

가상머신 H/W Access ↕   가상머신 H/W Access ↕

가상머신	가상머신

V M M (Hypervisor)

Processor, Hardware 들

- Hardware 자원관리, 가상머신(Virtual Machine) 스케줄링 등 가상머신을 동작시키는 모든 작업을 담당하며 하이퍼바이저 (Hypervisor)라 불림

2. Hypervisor의 분류 (유형)

- VMM은 Hardware 위에서 존재하느냐 Host OS상에서 존재하느냐에 따라 2가지 유형으로 분류

가. Bare-Metal VMM의 구성도와 설명, 장/단점

구성도	VM#1	VM#2

VM#1
| Application |
| Guest OS |

VM#2
| Application |
| Guest OS | · · · · ·

Bare-metal Hypervisor
VMM | Kernel Driver |
①
Hardware (I/O) ②   ③

- Hardware 위에서 존재, Hypervisor와 H/W간 Driver 필요

설명	① Host OS 미 존재, Hard platform 지원을 위해서는 해당 Device Driver(s/w)가 설치되어야 함
	② VM간 I/O 디바이스가 공유되기 위해서 VMM은 Low Level 드라이버를 설치해야 함
	③ VMM이 Direct로 Hardware 제어(통신)
장점	- Host OS 불필요, 성능우수 (Hosted VMM 대비)
	- 동일 H/W에서 실시간 & 범용 운영체제 병렬 실행 가능
단점	- 다양한 H/W 플랫폼 지원 위한 모든 드라이버 설치
	- 설치와 구성 어려움, Driver Version 관리 필요 (호환성)
S/W종류	Xen, KVM, Xen server, Hyper-V

- 설치와 구성이 어려우나 뛰어난 성능을 지원함

4. Hosted VMM 구성도, 설명, 장/단점

구성도	VM#1			VM#2	

```
            VM#1                        VM#2
      ┌─────────────┐             ┌─────────────┐
      │ Application │             │ Application │
      ├─────────────┤             ├─────────────┤
      │  Guest OS   │ (예, 리눅스)  │  Guest OS   │  ···
      └─────────────┘             └─────────────┘
                                      (예, 우분투)
      ┌──────────────────────────────────────────┐
  ②  │  VMM ,  Hosted Hypervisor                  │
      └──────────────────────────────────────────┘
③ ①  ┌──────────────────────────────────────────┐
      │        Host  OS (예 windows)              │
      └──────────────────────────────────────────┘
      ┌──────────────────────────────────────────┐
      │        Hardware (I/O)                     │
      └──────────────────────────────────────────┘
```

- Hosted VMM은 Host OS상에서 존재

설명	①Hos OS에 설치 ② 하이퍼바이저는 일반
	프로그램과 같이 Host OS에서 실행 ③ 기존 Computer
	환경에 설치 용이, 구성 편리함
장점	Guest OS의 종류에 제약없음 (Windows, Linux 등)
단점	Bare-Metal VMM 대비 성능 미흡 (Host OS I/F 필요)
S/W 종류	Virtual Box, Vmware Workstation

- Host OS가 Low Level H/W와 통신 위한 Driver 제공

"끝"

문 55)	Cloud System 구축을 위한 핵심기술인 가상화 관련 기술중 가상머신과 컨테이너를 비교하여 설명하시오	
답)		
1.	Virtual Machine과 Container의 정의 & 특징	
가	Virtual Machine (가상머신)의 정의 & 특징	
	정의	하이퍼 바이저를 활용, Hardware 기반의 서버를 여러 Guest OS로 분리하여 사용하는 가상화 기술
	특징	① 단일 서버에서 다양한 OS 환경에서의 Application 운영에 적합 (여러개의 HCI 구성도 가능) ② 1대 서버를 여러대 처럼 사용, IT 효율성 높음 ③ 단일서버에서 여러 버전의 OS 운영 가능
나.	Container의 정의 & 특징	
	정의	Container 오케스트레이션 엔진을 이용하여 Application 수준으로 가상공간을 분리, 여러 가상 환경을 제공하는 가상화 기술
	특징	① 단일 OS에서 여러 버전의 Application 운영에 유리 ② 구동속도 빠르고 자원 소비율이 적음 ③ 물리적 서버와 가상 서버 & Cloud 인스턴스간 Application 이동이 쉬움

직접 구축하는 방식에서 서비스의 형태로 빌려쓰는 발전 Cloud Computing 발전으로 가상머신과 Container 기술

2. 가상머신과 Container의 아키텍처 & 자원 기술 비교

가. Virtual Machine & Container 시스템 아키텍처 비교

구분	가상머신 아키텍처	컨테이너 아키텍처
구성도	App.1 / App.2 Bins/Libs Guest OS Hypervisor Host OS Infrastructure	App.1 / App.2 Bins/Libs Container Runtime Host OS Infrastructure
설명	- Hypervisor 위에 각 게스트 OS 가짐 - App.에서 Host OS 자원을 활용 위해서는 Guest OS 거침	- Guest OS 없어 용량이 가벼움 - Container Runtime 통해 각 App.은 OS 자원 직접 활용가능

나. 가상머신과 Container의 자원 기술 비교

비교	가상머신	Container
Application	①전가상화: GuestOS가 직접통제하는 것처럼 동작 ②반가상화: 하이퍼바이저가 통제	LXC: 단일 머신 상 여러개 리눅스 커널 Container 실행 위한 OS레벨의 가상화기법
자원관리	①Type-1: 베어메탈 서버에 하이퍼바이저 기동 (고성능) ②Type-2: Host OS에서	Namespaces: 리소스들을 묶어 Process에 전용 할당 방식 Cgroup: CPU, Memory 등

			하이퍼바이저 기능 (저성능,표준)	process 그룹 리소스 사용관리
		지원환경	다양한 OS(Guest OS) 지원	단일 OS만 선택 가능
		제품	Vmware, Hyper-v, XenExpress	RedHat, CentOS등

- LXC (Linux Container)

3. 가상머신과 Container의 성능과 유지관리 측면 비교

가 가상머신과 Container의 구조도

가상머신 (VM)	Container
VM [APP. / Libs. / Bins. / 게스트OS] VM [APP. / Libs / Bins / Guest OS]	Container [APP.] Container [APP.]
하이퍼바이저	Libs / Bins
	Container 오케스트레이션엔진
Host OS	OS
Infra	Infra

- 하이퍼바이저와 Guest OS 유무에 따라 구조차이

4 Virtual Machine과 Container 성능측면 비교

구분	VM	Container
용량	-많은 디스크/메모리 공간필요 - 하나의 VM은 APP. Libs. Bins, Guest OS 포함	-상대적 작은 공간 -Container화된 APP.실행 시 라이브러리와 도구만 필요

		속도	-OS부팅 &program 로딩 필요	-Application만 로딩 필요
			-속도가 상대적으로 느림	-속도가 상대적으로 빠름
		이미지 생성	느림	빠름 (수분이내)
	-용량, 속도, 이미지 생성시간에 차이			

4. VM과 Container 유지관리 측면의 비교

구분	VM	Container
Update	-Host OS, Guest OS 별도 -개별적으로 patch	-Host OS만 update -Guest OS 없음
유지	상대적 어려움 (여러개 OS)	간소화
호환	하이퍼 바이저에 종속	Docker지원환경 → 사용가능
안정성	각각 독립된 VM들로 안정 적인 운영 가능(완전한분리)	OS kernel을 공유하므로 장애 발생시 같이 영향받음
비용	VM 개수 만큼 지불	Host 1대의 비용만 지불

-유지관리 측면의 차이에 따라 활용되는 분야가 다름

4. VM과 Container의 활용

```
        (가상머신) ─── [가상화기능] ─── (컨테이너)
       /                                    \
-open stack, IaaS 서비스          -MSA 기반 서버리스 컴퓨팅
-IDC 서버기반 Infra               -PaaS 서비스
-보안중시, 다수 OS 사용           -다수특정 App. 사용
```

-다수 OS와 보안중시환경 → VM 활용

-다수 App 수행 & 비용 고려환경 → Container 활용

"끝"

문 56)	Zero PC
답)	

1. Web기반 Desktop 서비스 가능, Zero PC의 개요

   가. 언제 어디서나 동일 사용 환경 제공, Zero PC의 정의

     가상화와 Cloud Computing을 활용, 웹 브라우저를 통해 마치 일반 PC환경과 같은 모양과 환경으로 OS와 응용 program을 사용할수 있도록 지원하는 Service

   나. Desktop 가상화 서비스 가능, Zero PC의 특징

Web 기반 서비스	Desktop as a Service, 365×24h, Any Device등
Seamless 한 N-Screen 지원	Web 연결환경이라면 Desktop환경과 사용자 환경으로 언제 어디서든, 어떤 Device로든 사용가능

2. Zero PC의 서비스기능 & 요소 기술

   가. Zero PC의 Service 기능

서비스 기능	기능 상세 설명
Web Browser 지원 & UI/UX	platform 독립적인 Cross Brower 지원, HTML5/Javascript/AJAX등 활용한 RIA 구현
Cloud 서비스 연계	Cloud Storage Service, SNS, 메신저, 웹 메일, 콘텐츠 공유등의 Service 연계
온라인/Cloud 파일관리	다양한 On-line 서비스에서 제공하는 사용자 공간을 통합 관리하는 탐색기 제공
Application 통합 제공	Web기반의 Office program, Multi-Media program, Utility 등을 통합 제공

		Data Backup	사용자 데이터(Data)의 Backup, 백업 Data의 관리/복구 기능 제공
		보안& 인증	OAuth를 활용한 Login 기능 제공, SSL(HTTPS) /AES-256 등을 이용한 암호화 전송
		콘텐츠 분석	On-Line Storage에 저장된 콘텐츠들의 유형과 용량을 보기 쉽게 분석/관리

- Cloud service 간 연동 편의성과 UI/UX/RIA의
  사용성 만족도가 ZeroPC의 서비스 성공 여부를 결정

4. ZeroPC의 요소기술

구분	요소기술	역할
Web/ RIA	HTML5	Web App & 구동환경 제공 platform 역할
	Javascript	JSON, jQuery, Node.js 등 Data 처리/ 송수신의 Interface 제공
	AJAX	HTML5를 지원하지 못하는 Web Browser 의 RIA (Rich Internet App.) 지원
보안/ 인증	SSL(HTTPS)	Web Browser와 Web Server 간 암호 전송 지원
	AES-256	End-User의 기밀 Data를 저장하기 위한 표준화된 기법 제공
	OAuth	Web Desktop에 최초 한번의 Login으로 서로 다른 App 간 인증 연동 지원

- PC보다 Mobile Device에서의 활용도가 좋으며, Device
  API 발전 여부가 사용성에 큰 영향을 미침

3.	ZeroPC의 Issue 사항 & 활용 방안	
	구분	설 명
	이슈사항	-성능 : Web 반응속도 지속적 고성능 수준으로 향상
		-보안 : Cloud 기반, 보안 & 가용성, 서비스이전, 표준화
	활용방안	-사용성 : 고성능 작업 필요하지 않은 Job, 외근등 업무
		-보안성 : 중요 자료 중앙관리로 외부유출 방어
		-망분리 : 망분리 대안으로 VDI, ZerPC 활용

"끝"

문57)	Zero client
답)	
1.	깡통 PC, Zero client 정의
	- 업무용 PC에 이더넷단자, K/B, Mouse, power단자만
	존재하고 VDI기술을 활용 중앙서버에 접속, 입출력
	처리 화면으로 구성된 업무용 PC
2.	Zero client 구성도 (예시)

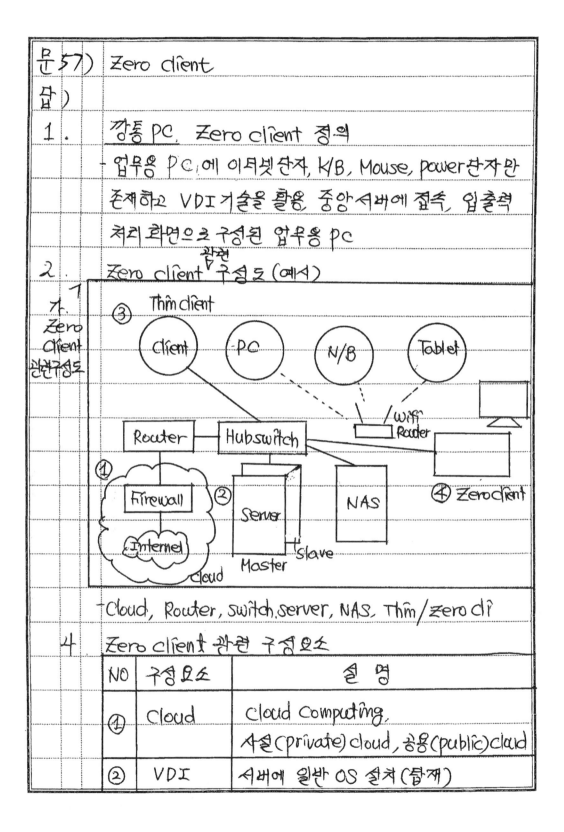

	-Cloud, Router, switch, server, NAS, Thin/zero cli
4	Zero client 관련 구성요소

NO	구성요소	설 명
①	Cloud	Cloud Computing, 사설(private) cloud, 공용(public) cloud
②	VDI	서버에 일반 OS 설치 (탑재)

		②	V.D.I	Client에 할당, Client에 개별 Desk-top 환경 제공
		③	Thin client	- PC에 Data저장장치, S/W 내장 안함
				- CPU, 메모리 등 최소한 운영부품만 탑재
				- PC보다 간결한 구조 "Thin(날씬한) 구조
		④	Zero Client	- 고성능 Graphic Card 장착
				- CPU, 메모리 등 최소 부품 미 탑재
				- Host PC로부터 정보 & 자원을 제공 받는거기

3. Zero client의 장/단점

가. Zero client의 장점

항목	설명
업무 효율화	업무에 불필요한 program 설치 & 실행이 불가능하므로 이를 사전 관리가 가능, 통합관리가능
작업환경개선	Desktop 재비 작은 Size로 공간확보 용이
TCO 절감	Thin client 재비 전력소요 감소, 저렴한 가격, 초기투자가 필요하나 전체적인 TCO절감
보안 강화측면	CPU, Memory, HDD 등이 미장착 ↗ 순전히 Server 자원만 이용하여 보안강화
바이러스 예방	Internet만 연결, 저장매체 (외장HDD, USB등) 미사용, Virus 감염우려 없음
유지보수 용이	HDD나 CPU가 없기에 Thin client에 비해 고장이 없으며 소음 감소 효과

4. Zero client 단점
- Graphic 프로그램 운영시 고사양 Server가 필요함
- Client에 저장장치 (Storage) 장치 없음, 저장공간 필요시 별도의 Storage Server가 필요
- Zero client + Solution 비용이 일반 PC보다 비쌈
- 문서작업용 client 기준 운영서버가 필요.

"끝"

문 58) Thin Client

답)

1. CPU, Memory 등 필수 H/W만 탑재, Thin client 정의
   - Booting 필요한 OS를 제외한 대부분의 Application
   과 Data를 중앙서버 저장되고 업무용 PC에는 OS와 CPU
   , Memory 등 최소 H/W만 장착된 업무용 PC

2. Thin client의 구성 & 장점

   가. Thin client의 구성 (예시)

   나. Thin client 적용시 장점

업무 효율화	작업 환경개선	무선 지원	TCO 절감	보안	유지보수 용이
-프로그램 설치 불필요	기존서버 활용공간 확보	-wifi 지원	초기만 필요 전체적 TCO절감	-원천적 보안강화 가능	심플한 장치구성 유지보수 Easy

3.		Thin client 단점
		- CAD 등 고사양 요구될 경우 성능고려 필요
		- Graphic 프로그램 운영시 고사양 Server 필요
		- Client에 OS 설치시 License 비용 발생
		- Client (Thin) + 솔루션 비용이 일반 PC 구매보자 큼

"끝"

PART
4

클라우드 네트워크
(Network)

SDN(Software Defined Network), VLAN(Virtual LAN), VPN(Virtual Private Network), NFV(Network Function Virtualization)를 비교, 클라우드 존을 구성, 3-Tier Network 아키텍처 장단점, Spine-Leaf 구조, 티밍(Teaming)과 본딩(Bonding), 네트워크 스토리지(Network Storage), iSCSI(Internet Small Computer Small Interface), NFS와 CIFS, 엣지 데이터센터, 뉴트론(Neutron) 등 소프트웨어로 유연하게 네트워크를 제어할 수 있는 매우 중요한 토픽들입니다.

[관련 토픽 – 12개]

문 59)	SDN (Software Defined Network)
답)	
1.	N/W 추상화 통한 효율적 관리, SDN의 개요
가.	효율적 Network traffic 관리, SDN의 정의
-	기존의 N/W 장비의 S/W 영역과 H/W 영역을 분리하여 Openflow를 사용하여 S/W 기반 Controller에서 통신제어
나.	기존 Network 장비와 SDN N/W 장비

기존 N/W 장비

	SW영역 (제어)	Routing
		QoS
		Policy

HW 영역 (전송)	Forwarding

Switch

Controller 분리 ⟹

제어 Data 전송 Switch

SDN N/W 장비

SW영역 (N/W OS역할)	Routing
	QoS
	Policy

제어 기능 담당

HW영역(단순)	Forwarding

전송 기능 담당

기존 N/W 장비인 Switch에서 S/W 영역을 Controller 로 분리하여 S/W 기반으로 제어하는 N/W Infra

2.	SDN의 특징, 개념도, 부각배경
가.	S/W Defined Network의 특징

항목	설 명
제어와 전달 의 분리	분할과 정책, 제어와 전달 기능 분리, 전송장치는 단순 포워딩(Forwarding)만 수행

		데이터 전달계층	전송장치는 Hardware Box를 통해
		의 H/W Box화	단순 포워딩(Forwarding)만 제공 가능
		통합 제어	제어기능은 Controller로 통합되어
		N/W OS	Network OS(운영체제) 역할을 담당
		OpenFlow(개방)	컨트롤러의 제어는 개방형 API 통해 수행
		Biz	Service에 필요한 다양한 응용 개발
		민첩성	지원을 위한 API가 open되어 있음
	4	SDN의 개념도	

Application — N/W OS — N/W Device ← node
Application — N/W OS — N/W Device ← node
⟵ Control plane · open API · Data plane · Host ⟶

전달/제어 기능이 결합한 기존의 전송장치에서 제어기능을 분리하여 중앙집중화 시키고, OpenFlow와 같은 개방형 API를 통해 Network의 Traffic 전달동작을 S/W 기반 Controller에서 제어하는 N/W 기술

	5	Software Defined Network 부각배경				

통합관리 — 확장 — 대역폭향상 — 유지비용증가 — 락킹 재용

- N/W복잡도 증거, 통합
- 유연하게 확장
- 빅데이터 등 Data증가
- H/W교체 보다 S/W로 기능제어 필요
- 특정 vendor 의존 탈피

3. SDN의 구성 및 구성요소

가. SDN의 구성

Application Layer — Biz Appl... / Biz Applications

Control Layer — API / API / SDN Control Software / N/w 서비스들

Control (Data plane) (ex openflow)

Infra Layer — N/D N/D N/D N/D

N/D = N/w Device

- N/w 제어기능(Control plane)과 Data 전송기능
(Data plane)을 분리하고 개방형 protocol을 이용하여
S/w 기반의 다양한 N/w 구성 & 제어를 수행하는 구조

4. SDN의 구성요소

구성요소	설 명	비고
Data plane	- Openflow 만을 지원하는 스위치 & 기존 Layer2 (스위칭), Layer3 (라우팅)기능을 지원하는 스위치에 openflow 기능을 추가한 스위치들 - 단순 패킷 포워딩, 스위칭기능만 수행	Forwarding Engine
Control plane	기존 Network 제어기능 (ACL, Routing protocol, 인증등)에	SDN Control Logic,

				대한 중앙집중화구현	ACL, Routing, 인증
		Interface	Data plane과 컨트롤 plane간 연계		Openflow
		Application	Network OS상위에서 사용자 서비스를 지원하는 Program		SDN Application Logic

- 기존의 Forwarding (패킷 전송등) 기능은 그대로 N/W 장비에서 수행하지만 N/W 전체의 관점에서 결정해야 하는 업무들은 중앙에 별도로 위치한 서버에서 수행

4. 기존 N/W과 SDN의 비교

비교	기존 Network	SDN
구축	장비 벤더간 호환성 체크 후 신규 N/W 인프라 구축	Openflow를 지원하는 장비 간에는 사전 호환성체크 불필요
인프라 변경, 유연성	-기존 구성변경 영향도 전반적으로 분석 -최악경우 신규 구축	중앙 Controller에서 유연성있게 S/W로 프로그래밍 하듯 변경가능 (S/W 제어)
관리 효율성	N/W 장비 설정 & 제어 정책에 대한 관리가 어려움	통합 Network 제어부에 대한 통합 관리로 관리 효율성 증대

"끝"

문 60)		Network 기술중 SDN (Software Defined N/W)
		과 NFV(Network Function Virtualization)의 구조
		와 특징을 비교 설명하시오.
답)		
1.		N/W 핵심 Infra, N/W 핵심기술, SDN/NFV 개요
	가.	핵심기술인 SDN과 NFV의 필요성

		- SDN/NFV 시장은 ① N/W 복잡도 증가 ② 확장 가능성 &
		유연성에 대한 요구 증가 ③ 인프라 획득 & 유지비용 증가
		④ 장비시장 폐쇄성에 대응하기 위해 지속적인 수요 증가
	나.	SDN (S/W Defined N/W)의 정의
		- Software 적으로 제어 할수 있도록 제어기능을 별도로
		분리하여 중앙집중식으로 관리함으로써 데이터 전송만
		담당하는 분산 Hardware를 즉시에 제어 가능한
		유연한 Network 구조를 제공하는 기술
	다.	NFV (N/W Function Virtualization)의 정의
		- N/W 장비내의 여러 기능들을 분리시켜 S/W적으로 제어
		& 관리가 가능하도록 가상화 시키는 기술

2. SDN의 구성과 설명

가. SDN의 구성(구조)

① Application Layer
Overlay Network
Overlay Application

② Control plane
N/W Controller
North Bound API
Core
South Bound API

③ Data plane
Control protocol (ex. OpenFlow)

- 기존 vendor가 H/W, S/W를 Vertical 하게 제공하는 방식에서 벗어나 사용자가 표준 API나 개방형 Interface를 통해 새로운 기능을 추가하여 사용자 정의 N/W로 전환

나. SDN의 설명

①	Application Layer	- Overlay N/W. 서비스별로 가상 Network 중앙 Controller API 사용	
②	Control Plane	- Openflow 통한 Network 장비 제어 - Forwarding, Drop, Shaping, Reactive, Processing 등	
③	Data	- Merchant silicon : 스위치에 탑재되어	

		③	Data plane	Packet 전송 수행하는 Chipset - Bare Metal Switch : 저가 White Box 의 open source switch

3. NFV의 구성과 설명

가. NFV의 구성(구조)

① VNFs (Virtual N/W Functions)

(VNF) (VNF) (VNF) (VNF) (VNF)

② NFV Infra (NFVI)

Virtual Compute	Virtual Storage	Virtual Network

가상화 Layer

(Compute) (Storage) (N/W)

H/W Resources

NFV Management and Orchestration

- Enterprise Access Router, Firewall, DPI, CDN,
로드밸런싱 등의 VNF 기능제공

4. NFV의 설명

No	항목	설 명
①	VNFs	여러 응용 프로그램 (Application program)을 지원하기 위한 Software로 개발 된 Network 기능들의 집합 (Set)

		②	NFVI	Computing, 저장소, Network 기능을 지원하는 물리적 H/W 자원, 가상화 지원 기능 & VNF 실행을 지원하는 기능 제공
		③	Management & Orchestration	물리적 & Software적 자원관리, 전달, VNF 관리 기능 제공

4. SDN과 NFV 특정 비교

가. 목적/활용 측면

구분	SDN	NFV
주안점	-N/W의 제어와 데이터 전송영역 분리 -제어영역의 중앙집중관리	전용 Appliance 기능들을 가상화하여 일반적인 Server에 재 배치
동기	Network Programming을 통한 중앙화된 관리& N/W 유연성 확보	-Vendor Lock-in 탈피 -특정 장비 커속된 N/W기능을 일반 서버에 재 배치
적용위치	기업분사/지사, Data센서	Service Provider N/W
효과	①N/W기반 Biz 확대 CSPDC, 실시간 provisioning 맞춤형 Bandwidth 서비스 ②N/W투자/운영 비용절감 (저가 H/W N/W구축, N/W 자동관리, S/W통한 가상화)	①경제성, 유연/신속성 (저렴 표준 장비 활용, 특정 업체의 종속화 등) ②개방성 (사용자 중심의 N/W 장비 시장구조 혁신)

- SDN/NFV이용은 N/W 복잡성 증가, 유연한 N/W 요구
증대, 관리 편의성, 일반 상용 기기 (Commodity) 활용에
따른 투자비 절감 효과

4 기술측면의 특징비교

구분	SDN	NFV
응용분야	- Cloud Orchestration - Networking	라우터, 방화벽, Gateway, CDN, WAN가속기, SLA assurance 등
Device	상용서버, Switch	상용서버, Switch
Platform	- OpenDay Light (스위치 벤더중심) - ONOS(통신사업자)	OPNFV (공개 platform 기반 한 Open API 제공)
Protocol	Openflow, OVSDB.	-
표준화 기구	- Open N/W Forum (ONF) - OpenDay Light	ETSI NFV Working

- SDN과 NFV는 개방성에 기반한 상호 보완적 관계로
두 Solution이 Combine 되었을 때 시너지 발생

"끝"

문 61) 네트워크 가상화 기술인 VLAN(Virtual LAN), VPN (Virtual Private Network), NFV(Network Function Virtualization)를 비교하여 설명하시오

답)

1. N/W Infra 효율적 활용, N/W 가상화의 정의 & 필요성

| 정의 | 물리적인 N/W를 하나 이상의 논리적 N/W로 세분화하여 N/W 인프라 운영 & 자원 활용을 극대화 하는 기술 |

| 필요성 | N/W 유연성, 향후 확장성 확보 |

- VLAN (LAN 가상화)
- VPN (터널링, 전용회선)
- NFV (N/W 기능)

→ N/W 가상화 →

- CAPEX, OPEX 절감
- N/W 운영 & 자원 활용↑
- 유연성, 확장성 확보

2. VLAN, VPN, NFV의 개념 & 구성도 비교

가. VLAN, VPN, NFV의 개념비교

구분	설 명
VLAN	하나의 물리적 Network를 복수의 논리적 N/W로 분할해 각 N/W가 각각의 Broadband를 형성하는 가상화기술
VPN	공중망, 이종 N/W간 터널링, 암호화 기법사용, 전용회선으로 연결된 사설망과 같은 서비스를 제공하는 가상 N/W
NFV	N/W 장비에서 HW나 SW분리, 범용서버의 가상화 기반하에 N/W 기능을 SW적으로 가상화하여 제어 & 관리하는 기술

- Broadband : 주파수 다중화 기법, 하나의 전송매체에 여러

개의 Data channel을 제공하는 통신 기법

4. VLAN, VPN, NFV의 구성비교

구분	구 성 도	구성요소
VLAN	스위치1 — Trunk port — 스위치2 Access Port VLAN1 VLAN2 ... VLAN1 VLAN2 ... -Access Port를 통해 단일 VLAN 전송, TRUNK Port (IEEE 802.1Q)통해 여러 VLAN 전송	-스위치 -라우터 -Access port -Trunk port -Broadcast 도메인
VPN	본사 VPN / 지사 VPN Layer3: IPSec, Layer4: SSL Layer2: L2F, L2TP, PPTP, MPLS 공중망(public Network) 터널링 암호화	-공중망 -Tunneling -암호화 -IPSec, SSL/ TLS, MPLS
NFV	가상 N/w Functions(VNFs) VNF VNF .... NFV Infras (NFVI) 가상Compute / 가상 스토리지,N/w 가상 Layer Compute, Storage, N/w Hardware ／ NFV 관리 & 오케스트 레이션 -N/w 기능을 S/W적으로 가상화 하여	-VNFs -NFVI -MANO -E2E 네트워킹

		제어 & 관리하는 기술	

- OSI 7 Layer 기준 VLAN은 1~2계층, VPN은 2~7계층

NFV는 7계층에 해당하는 가상화

- MANO : Management & Orchestration

- E2E (End-To-End) N/W : HDD를 C와 D로 각각 쪼갱

해서 사용하는 것처럼 N/W도 서로 다른 특성을 가진 서비스로 [묶어]

8. 기술 & 가상화 측면에서의 비교

가. VLAN, VPN, NFV의 기술적 측면 비교

구분	VLAN	VPN	NFV
핵심 기술	-IEEE 802.1Q -TRUNK port	-터널링 (캡슐화) -보안(인증/무결성)	-VNFs (N/W기능 S/W화) -NFVI (가상인프라)
OS 기술	-Port-Based VLAN -Tagged VLAN -동적/정적 VLAN	-QoS -IPSec, SSL/TLS -VPN 전용 H/W	-MANO, SDN 연계 -OSS/BSS (Operations Business Support System)

- NFV는 N/W기능 (IPS, Switch, F/W, NAT등) 기술 이용

나. 가상화 관점의 VLAN, VPN, NFV 비교

구분	VLAN	VPN	NFV
대상	기업 내부망 (논리적 구성)	Intra/Extra Net (전용회선)	네트워크 장비 (White Box)
프로 토콜	-IEEE 802.1Q ISL (CISCO)	-IPSec, MPLS -SSL/TLS	-VNF -NFVI

주요목적	관리 효율성	보안강화(사설망)	비용절감
방식	Packet 내 VLAN ID 태깅	터널링 적용	범용 장비에 N/W 기능화
계층	OSI 1~2 Layer	2~7 Layer	7 Layer

4. Cloud & N/W 환경의 가상화 발전

VLAN → VxLAN
- VLAN 한계 극복
- 대규모의 Overlay N/W 구성

NFV + SDN
- S/W, H/W 분리와 SDN
- 비용절감, 확장성/유연성 확보

VPN + SD-WAN
- 가상사설망 & 사설 Overlay N/W
- 비용절감, MPLS 기술

- SDN: Software Defined Network
- 가상화 & Cloud 활성화로 S/W와 H/W의 분리 및 S/W Defined N/W로 발전

「끝」

문 62)		A 기업은 신규로 클라우드 존을 구성하려고한다.
		다음에 대하여 설명하시오
		가. 다음 조건을 고려한 Cloud 공통인프라(보안, N/W) 아키텍쳐
		조건)
		- IPS, 웹방화벽, L3스위치, 방화벽, L4스위치는 이중화로 구성
		- 네트워크는 백본망에서 직접연계
		나. 다음 조건을 고려한 Cloud 서버(Web, WAS, DB) 아키텍쳐
		조건)
		- N/W는「정보통신망법」에 의거하여 DMZ(DeMilitarized Zone)존과 Internal Network은 망분리
		- Web 서버는 DMZ존에 위치
		- WAS와 DB 서버는 Internal Network에 위치
		- Web서버에서 DB 혹은 WAS서버 접근시 방화벽을 반드시 통과
답)		
1.		고 가용성(High Availability) 기반, 클라우드 존의 개요
	정의	Multi-Tenacy(이용자), On-Demand 서비스제공목적, 물리적 별도 서버, N/W보안장비로 구성된 데이터센터(IDC)
	인프라 구조	리전(Region): 국가 단위 / 존(cloud Zone): 데이터센터 단위 / 팟(Pod): 랙 단위 / 클러스터(Cluster): 서버묶음 단위 / 호스트(Host) / 존(cloud Zone)

Region > Cloud Zone > Pod > Cluster > Host 순

- 데이터 센터 단위의 Cloud Zone을 구성하여 서비스 제공

필요성
- High Availability, 안정성, 보안성 확보
- 고객 맞춤형 서비스 제공, 산업별 Cloud 서비스 제공
  예) Cloud 안전성 평가 통과 할수 있는 금융등 Cloud Zone 구성

- 확장성, 구축 용이성 등 고려된 Cloud 인프라 설계 필요

2. 이중화 기반 Cloud 공통 인프라 (보안, N/W) 아키텍처

가. Cloud 공통 Infra 아키텍처 설계

- WAF = Web Application Firewall

- 장애 대응 및 효율성 위해 N/W, 보안장비 이중화 구성

나. Cloud 공통 Infra 아키텍처 구성요소

구분	구성요소	특징
보안	IPS (침입방지 System)	- 유해·비정상 Traffic 차단, Zeroday 차단
		- 사전 예방적 침입 실시간 방지
		- 1차 방화벽 필터링 후 2차 실시간 탐지/차단
	웹 방화벽 (WAF)	- Web Application 전용 방화벽
		- OWASP Top10, 국정원 8대 취약점 방지

	보안	WAF	- SQL Injection, XSS, 웹shell 등 공격방지
			- HTTP Request / Reply packet 검사
			- OSI 7 Layer(계층) 응용 장비
		방화벽 (Firewall)	- 사전정의 규칙 (IP, Port) 기반 N/w 트래픽 필터링
			- Inbound, Outbound Packet Filtering
			- NAT, 사용자인증, Proxy, 인증수행
			- OSI 3~4계층 (N/w~전송) 장비
	Network	L3스위치	- Routing (라우팅) 기능수행
			- Static Routing, Dynamic Routing
			- IP 주소 기반 Next Hop packet 전달
			- OSI 3계층 (Network) 장비
		L4스위치	- Load Balancing (부하분산) 기능수행
			- GLB/SLB/FLB/VRRP, Fail over, QoS
			- TCP/UDP Port 기준 로드밸런싱
			- OSI 4계층 (전송) 장비
		백본망	- Internet Backbone Network
			- LAN에서 WAN을 연결하기 위한 회선 모음
			- 타 Cloud Zone 연결 N/w

3. 망분리 기반 Cloud 서버(Web, WAS, DB) 아키텍처

가. Cloud Server(Web, WAS, DB) 아키텍처 설계도

- 외부에서는 DMZ Zone 내의 Web 서비스만 접근 가능

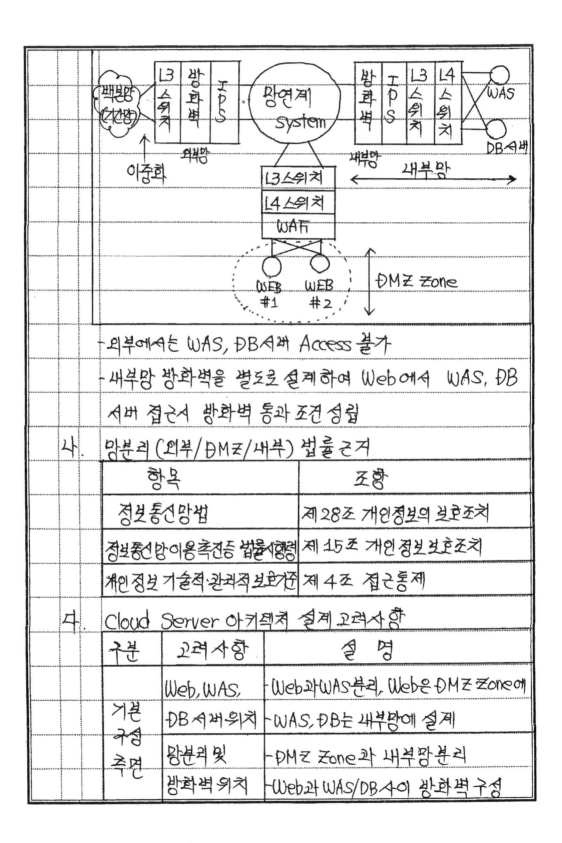

- 외부에서는 WAS, DB서버 Access 불가
- 내부망 방화벽을 별도로 설계하여 Web에서 WAS, DB
서버 접근시 방화벽 통과 조건 성립

나. 망분리 (외부/DMZ/내부) 법률근거

항목	조항
정보통신망법	제28조 개인정보의 보호조치
정보통신망이용촉진등 법률시행령	제15조 개인정보보호조치
개인정보 기술적·관리적보호기준	제4조 접근통제

다. Cloud Server 아키텍처 설계 고려사항

구분	고려사항	설명
기본구성측면	Web, WAS, DB 서버위치	-Web과 WAS분리, Web은 DMZ Zone에 -WAS, DB는 내부망에 설계
	망분리 및 방화벽 위치	-DMZ Zone과 내부망 분리 -Web과 WAS/DB사이 방화벽 구성

	기본 구성 측면		-외부-DMZ-내부망 접점간 방화벽 배치
			-대외서비스용 Web서버는 WAF로 보호
		웹 방화벽 (WAF)	-L4 스위치 뒷단에 배치
			-X-Forwarded-For(XFF) HTTP 헤더로 실제 요청한 Client IP주소 차단 가능
	보안 강화 측면	관리자용 서버 배치	-관리자 서버는 Web, WAS, DB 모두 내부망에
			-관리자 서버는 내부 IP 기준 접근제어
		개인정보 처리시스템	-Web, WAS, DB 모두 서버용 백신 설치
			-내부망, 서버랑 사이 IPS, IDS 설치, 접근통제
		추가 보안장비 배치	-방화벽 앞단에 Anti DDoS 장비 배치
			-DB는 DB 접근제어시스템 통해 접근
			-Webshell 탐지 솔루션 Web서버에 설치
	안전 효율 측면	방화벽- IPS구조 배치	-1차 트래픽 방화벽으로 IP/Port 필터링
			-2차 트래픽 IPS에서 유해 트래픽 필터링
			-IPS 부하 방지 목적
		IPS, WAF는 Bypass 기능 사용	-IPS, WAF는 Health check 통해 상태 check
			-In-line 장비 장애시, 무중단 Bypass 지원
		개발서버 배치	-개발(DEV)서버는 기본적으로 내부망에 설치
			-외부망과 통신 필요한 IoT등 데이터 수집 장비는 DMZ에 배치하여 효율성 보장
			-단, IP/Port 접근제어 정책으로 보호
	비용	L3스위치	-L4스위치는 L3스위치 기능도 포함

절감 측면	L4 스위치 선택	-Load Balancing 필요시 L4 선택
		-로드 밸런싱 없이 라우팅시 L3 선택
	방화벽, IPS장비 단축	-보안성과 비용 Trade off 관계 조정
		-비용고려 방화벽 1개로 단축가능
		-내부방화벽 뒷단의 IPS 단축 가능

4. Cloud Service 안전성 확보 방안

방안	방안도	세부설명
멀티존 (가용존) 클라우드 재난 방지 대책마련	Region (한국) 주Cloud존 (Central Zone) 외부 인터넷망 고가용 Zone (HA) 내부 인터넷망	-국가단위 Region
		-물리적 분리된 IDC, N/W
		-백업, 이중화 & HA, DR
		존 구성성 지원
		-가용성, 연결성 향상
		-VPC(가상사설 cloud) 제공
멀티 클라우드 전략활용	Public cloud ① Multi Cloud ② 전통적인 cloud (On-Premise) ← Public cloud ③ 하이브리드cloud Private cloud	-여러 Vendor 제공하는 cloud 형태 2개이상구성
		-Lock-in (종속성) 탈피
		-CSB(Cloud Service Broker) 역할중요
		-통합, 오케스트레이션
-안전성 강화 Cloud Service 기반 신뢰성 제공		

"끝"

문 63) 3-Tier N/W 아키텍처의 장/단점과 3-Tier N/W 아키텍처 단점을 보완한 Spine-Leaf 아키텍처의 장/단점을 설명하시오.

답)

1. 전통적 디자인 (Hierachical N/W), 3-Tier N/W 아키텍처의 설명

	3-Tier N/W 구조설명
	-Core (Router) Layer와
	Distribution (분배)
	Layer, Access (각종
	WEB/WAS등서버)
	Layer로 구성.
	-North-South 트래픽
	구조 형태로 Scale-out
	에 다소 제약
3-Tier N/W 아키텍처	-Scale-up구조

2. 3-Tier N/W 구조의 장/단점

구분	항목	내용
장점	가용성	Access Layer 문제발생시 다른 Access Layer로 문제 확산 안됨. 장애 발생 영역만 서비스중단, 다른 서비스는 지속 사용 가능

		장점	보안	Layer(L2) 계층 보안과 Layer 3 계층 보안 적용, 보안성 강화 가능, 각 위치 Filter 통해 통신 자체를 차단 가능
			확장성	Network 확장 필요시 Distribution Layer & Access Layer 장비 늘림으로 쉽게 확장
			친숙함	N/W 엔지니어들이 다년간 사용한 모델로 친숙, 구성도 작업 통한 시각화, Easy 이해
		단점	대역폭 부족	SPT가 동작할 경우 전체 대역폭 사용불가, SPT 환경에서 장애발생시 전환 시간이 많이 소요되는 단점 존재
			지연	Distribution과 Core Layer 거쳐야 하므로 East to West Traffic은 경로 많아 지연

- SPT : Spanning Tree : 스위치끼리 루핑 막는 protocol
- 대역폭 부족과 Delay 발생으로 Data Center에서는 부적합 했고 Data Center에 적합한 새로운 아키텍처 인 Spine - Leaf 아키텍처가 대두됨

3. Spine - Leaf 아키텍처의 구조
- Data Center의 트래픽이 수직적(North - South)에서 수평적(East - West)으로 변화 되는 것을 효과적으로 대응하기 위해 적용
- 성능 개선을 위해 Traffic 분산 필요시 Spine 스위치

를 추가 연결하면 가능 (Scale-Out 구조)

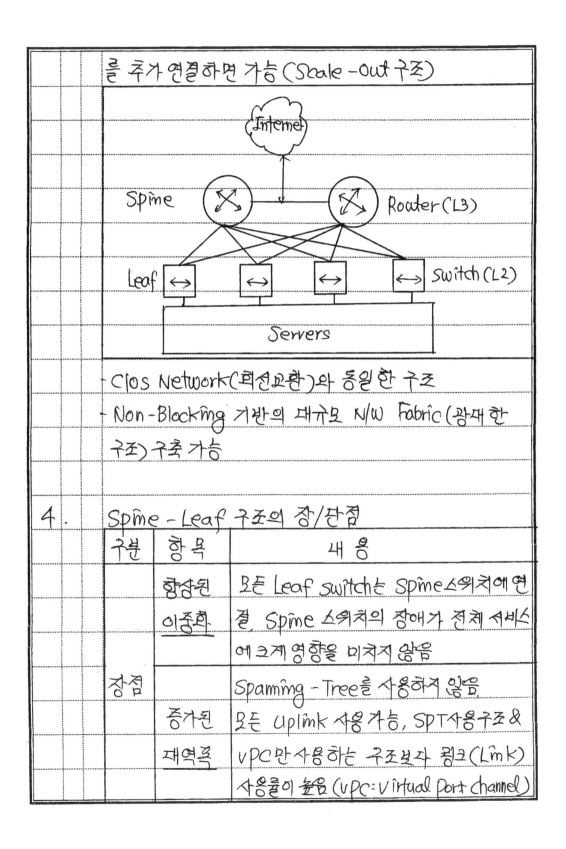

- Clos Network(회선교환)와 동일한 구조
- Non-Blocking 기반의 대규모 N/W Fabric (광대한 구조) 구축 가능

4. Spine-Leaf 구조의 장/단점

구분	항목	내용
장점	향상된 이중화	모든 Leaf switch는 Spine스위치에 연결, Spine 스위치의 장애가 전체 서비스에 크게 영향을 미치지 않음
	증가된 대역폭	Spanning-Tree를 사용하지 않음 모든 Uplink 사용 가능, SPT사용구조 & VPC만 사용하는 구조보자 링크(Link) 사용률이 높음 (VPC: Virtual Port channel)

			향상된 확장성	확장필요시 Leaf switch추가 하거나, Leaf & Spine 스위치추가 → 확장용이성
		장점	저지연	Leaf 스위치에서 다른 Leaf 까지는 최대 2Hop 떨어져 있음. 최소한의 경로지연으로 피어서 이동 가능. East to West Traffic Flow에 최적화
			부하분산	Leaf 스위치 → Spine 스위치로 가는 트래픽은 ECMP(Equal Cost Multi Path)이기 때문에 무작위로 선출, Traffic 부하분산수행
		단점	많은Cable 소모	모든 Leaf 스위치와 Spine 스위치가 상호 연결되어야 함. 많은 케이블링 작업
			연결제한	Spine-Leaf구조에서 연결 할수 있는 Host 수량은 스위치 port의 수량에 영향 받음 확장용가능 Spine 스위치 32 port일 경우 32개 Leaf스위치

"끝"

문 64)	Spine - Leaf 구조		
답)			
1.	Spine-Leaf 스위칭 Layer로 구성 Spine-Leaf 개요		
가.	Spine-Leaf 아키텍쳐의 정의		
	-Spine과 Leaf, 두가지 스위칭 레이어로 구성된 Data Center의 Network Topology (구조)		
나.	Spine-Leaf 아키텍쳐의 특징		
	-기존 3-Tier 아키텍쳐 한계극복, 높은대역폭 낮은지연		
	2-Tier 토폴로지	-Spine-Leaf 2계층, 모든 End Device는 Leaf 연결, Spine은 Backbone 수행, Leaf는 Spine 스위치와 연결		
	L2/L3 모두 지원	-L2/L3 모두 구현 가능, Spanning Tree 가능 (TRILL +SPB), L3는 VxLAN을 사용하여 지원 가능		
	-Spanning Tree : 스위치 거리 루핑 (Looping)막는 protocol		
	-TRILL = Transparent Interconnection of Lots of Links		
	-SPB : shortest path bridging (최단 path 연결)		
2.	기존과 Spine-Leaf 아키텍쳐 비교		

3 Layer 디자인	2 Layer 디자인

		- Spine - Leaf 아키텍처 적용시 대역폭 (Bandwidth) 증가, East to west (수평)구조로 Scale-out에 효율	
		- 확장성증가: 확장필요시 Leaf & Spine 스위치추가	
3.		Spine - Leaf 아키텍처 활용	
		- SDDC (Software Define Data Center)에 적용	
		- SDN (Software Define Network)에 사용	
		- 물리적 N/W를 논리적 N/W (S/W로 제어)로 관리 가능	
			"끝"

문 65)	티밍 (Teaming) 과 본딩 (Bonding)
답)	
1.	장애 허용성 향상, Teaming 의 정의와 필요성
가.	하나의 Group 동작, 티밍 (Teaming)의 정의

-물리적으로 여러 장치의 N/W Interface들을 하나의 Group 동작, 즉, Ip 주소와 MAC 주소는 하나로 인식, 물리적 Network 트래픽 분산처리하는 기술

| | 필요성 | 한 개 이상의 Interface 고장시 자동으로 나머지 |

Interface로 Traffic을 이동시켜 장애 허용성을 높임

| 나 | 본딩, 병렬처리, High 대역폭, Bonding 정의 & 필요성 |

| | 정의 | -여러 N/W Interface로 묶어서 높은 대역폭 확보기술 |
| | 필요성 | -Data 전송시 여러 물리적 Interface를 병렬 |

(parllel) 처리로 사용, 더 높은 대역폭을 제공

| 2. | Teaming 과 Bonding 차이점 |

구분	차이점
티밍 (Teaming)	- 주로 Hypervisor(가상화 S/W) 환경 사용 용어 - VM들이 하나의 물리적인 N/W I/F Group들과 연결되어 N/W 공유, 이를 통해 VM들을 가상화 환경 내에서 장애 허용 향상 가능
본딩 (Bonding)	- Linux OS 주로 사용 (N/W Bonding) - 물리적 여러 N/W I/F들을 결합하여 논리적 I/F로 동작하도록 설정 가능. Bonding은 물리적

		인 서버나 스위치와 같은 N/W 장비간 연결사용
3		Bonding의 활용예

2개의 1G bps ethernet Interface 를 끈딩 (Bonding) 하여 논리적으로 하나의 2G bps I/F로 사용
- Bandwidth 향상

"끝"

문 66)	네트워크 스토리지 (Network Storage)
답)	
1.	고속 Data 처리 스토리지, N/w storage 개요
가.	대용량, 고속, Network storage 정의
	- Remote로 대용량, 고속 Data 처리를 위해 Network를 통해 Disk에 접근할 수 있는 저장장치
나.	Network Storage 필요성

	Data의 폭발적인 증가	메신저, SNS, Smartphone등 Data의 폭발적 증가 & 대규모 처리 필요
	고속 Data 처리 필요	Network & System 처리속도 증가로 fast Data I/O 처리 필요, IOPS 속도 증가
	Data 안정성, 효율성	대용량 데이터의 안정적, 효율적 처리를 위해 많은 Disk의 관리 필요

- 대용량 Storage 처리위해 SAN 적용

2.	SAN Network storage의 구성방법과 특성
가.	SAN N/w storage 구성방법

구성도

서버 서버 … 고가용성 서버 고가용성 서버 …

FC 파이버채널 스위치 ISL 파이버채널 스위치

스토리지

ISL : Inter-switch Link

		설명	-각 Host에서 Storage 연동위해 FC(Fibre 채널) SAN 스위치를 통한 전용 Network로 구성 -SAN 스위치는 Port 기반 & WWN(World wide Name) 기반 Zoning 하여 Host와 Storage 연동

4. SAN Storage의 특성

구분		특성	설명
통신 측면		Fiber channel	-Block 기반 통신 수행 (Fast 전송) -4/8/16/32..Gbps 단위 통신
		HBA	-WWN 기반 통신 수행
		Interface	-Multi-path (HA) 구성 가능
System 연동 측면		독립된 physi-cal Disk환경	독립된 물리 환경 제공, 연동 Host 에서 필요한 File System 생성 사용
		전용망 파이어드	Host-storage간 전용 스토리지 망 구성

-HBA: Host Bus Adapter, 스토리지와 Server 연결

3. NAS N/W 구성방법과 특성

가. NAS Network 구성방법

구성도

		설 명	-각 Host 에서 Storage 연동위해 일반 N/W 스위치 통한 Ethernet Network 구성 -Ethernet 망과 Fiber channel 망의 Gateway 역할로 NAS Controller를 통해 Storage 연동

4. NAS Storage 특성

구분	특성	설 명
통신 측면	Ethernet Network	-Packet 기반 통신수행 -1Gbps/10Gbps/… 단위통신
	NIC (N/W 표준 card)	-IP와 MAC 기반 통신수행
	Interface	-Network 본딩(티밍) 가능
System 연동 측면	NFS, CIFS 파일 시스템 공유 제공	Host 간 동일 파일 & Directory 공유(share) 가능
	기존망에 Data 연동 구성용이	-기존망에 연동 Easy -이론상 거리 제한 없음

- Teaming(티밍): 하나의 논리적 Group으로 동작 -windows
- 본딩(Bonding): 하나의 논리적 Group 동작(여러 H/W) -Linux
- NAS 스토리저는 기존망 연동이 용이 하지만 품질보장이 어려워 Backup(백업)등 중요도 낮은 Service에 사용
- Teaming은 장애 허용성 개선, Bonding은 높은 대역폭 지향

4. Storage 구축시 고려사항

가. Service 측면 고려사항

		구분	고려사항	설 명
		성능 측면	SAN, NAS 선택	- DB System 등 고성능 필요시 SAN - 일반, Backup용 Storage는 NAS
			스토리지 티어링	사용량 기반 Flash > SAS > SATA Disk 순서 및 RAID고려 필요
			Interface 대역폭	- HBA(4/8/16/32..Gbps), NIC(1/10Gbps) - Multi/Single-mod object 고려 도설
		안정성 측면	Disk 이중화	- 서비스 용도 RAID 1, 1+0, 5+0 - log & Backup 용도 RAID 5
			실시간 Data 복제	OGG, Shareplex 등 Storage간 실시간 Data 복제 Solution 활용
			Interface 이중화	- Host - Storage간 Multi-Pass 구성 - HBA/NIC 관위 이중화

4. 운용측면 고려사항

		구분	고려사항	설 명
		관리 측면	5년운영시 사용량예측	- 확장성 고려한 사용량 예측 - Disk Array 확장성 고려후 도입
			MTTR & MTBR고려	- Disk, Controller, Engine 내고장성 - Storage 가능률 99.9% 이상
		경제성 측면	용도고려한 장비선정	- CAPEX & OPEX 고려한 도입 예) WAS 서버용 Multi-range 장비도입
			구축비용	- 일반적으로 구축후 3년 Warranty

			산정	- 5년 운영 비용 산정
			- CAPEX / OPEX 절감위해 x86(Linux) system 과 NAS 도입 증가 추세	
			- Storage 가용성, 효율성 확보위해 Storage 프로비저닝 가능한 SDS(Software Defined Storage)로 경쟁력 확보필요.	
				"끝"

문 67)	iSCSI (Internet Small Computer System Interface)
답)	
1.	IP + SCSI protocol 결합, iSCSI 개요
가.	IP기반의 저장 Networking 표준, iSCSI 정의
	- IP망을 통해 SCSI 명령을 전달함으로써 인트라넷을 저쳑 Data 전송을 쉽게하고 원거리 스토리지 관리 가능
나.	iSCSI의 특징

	단순화 ── 비용절감 ── 활용성 ── 확장성				
	IP망사용	IP망스토리지	LAN, WAN등	IP-SAN	

2	iSCSI protocol 내부구조 및 동작
가.	iSCSI Protocol의 구조

	① IP Header
	② TCP Header
	③ iSCSI Header
	SCSI Command & Data

	① Packet이 N/W를 통해 제대로 전달 될 수 있도록 하는 라우팅(Routing) 정보가 포함되어 있음
	② 전송을 보장하는데 필요한 정보(송/수신포트등) 포함
	③ SCSI 명령과 Data 추출 방법 포함
나.	iSCSI Protocol 동작
	- File System, iSCSI, TCP/IP, IP N/W으로 구성

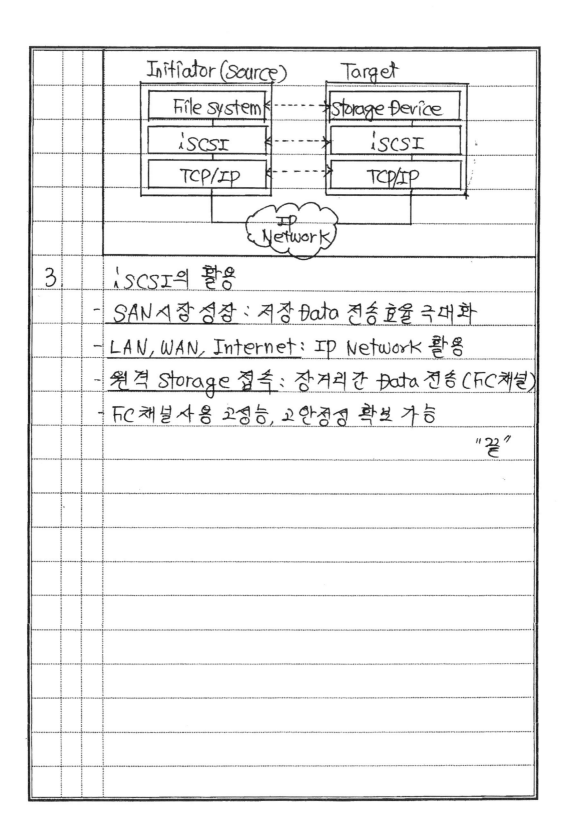

3. iSCSI의 활용

- SAN 시장 성장 : 저장 Data 전송효율 극대화
- LAN, WAN, Internet : IP Network 활용
- 원격 Storage 접속 : 장거리간 Data 전송 (FC채널)
- FC채널사용 고성능, 고안정성 확보 가능

"끝"

문 68)		NFS(Network File System), CIFS(Common Internet File System)
답)		
1.		Internet 공유 작일 규약 protocol, NFS, CIFS 정의
	NFS	SUN Microsystems(1985년) 개발 N/W 통한 분산 File System. 다른 Host Directory를 Mount 하여 사용
	CIFS	SMB(Server Message Block) 작일 공유 프로토콜 의 확장 버전, Windows 4 Unix 둘서 사용 가능
2.		NFS, CIFS의 작용 도식

		- NFS는 Linux/Unix 계열에서 주로 사용
		- CIFS는 Windows 계열에서 사용
3.		NFS와 CIFS의 차이점

구분	NFS	CIFS
명칭	N/w File System	Common Intenet F/S

적용OS	Linux, Unix 등	Windows 등
용도	Linux 기반 N/W 아키텍처	Windows 기반 아키텍처
공유리소스	파일 & Directory	파일, 지렉토리, N/W 리소스(프린터)
인증	IP 기반	사용자 기반
파일잠금	Client에서 처리	Server에서 처리
성능	낮은 Protocol overhead & 더 빠른 성능	높은 Protocol Overhead, 더 낮은 성능

"끝"

문 69)	엣지 데이터 센터(Edge Datacenter)		
답)			
1.	Caching, Edge Datacenter의 개요		
가.	Small Size Datacenter, 엣지 데이터 센터의 개요		
	정의 - N/W 단말장치의 실시간 처리를 위해 엣지 Caching & 엣지 Computing 기반 캐시 콘텐츠 cloud Computing 리소스 & 분석 기능을 제공하는 작은규모 IDC		
	필요성 - 스트리밍, AI 서비스의 폭발적 증가		
	- 자율주행자동차 등 짧은 대기 시간 필요		
	- 기업 & 개인정보의 안정성, 보안 강화, 대역폭 확대		
나.	중앙 집중식 Datacenter와의 차이점		

비교항목	중앙 집중식 DC	엣지 DC
운영위치	특정목적 & 워크로드에 따라	Data 생성 장치 근처
처리 규모	대용량 컴퓨팅 & 스토리지	소규모 컴퓨팅 & 스토리지
사용목적	대량의 Data 저장/처리 & 공유	최소 대기시간, 높은 연결속도

	- DC : Data Center		
	- Edge Datacenter는 시간에 민감한 데이터를 신속하게 처리하도록 Network 단말 장치 근처에 위치하여 실시간 Data 분석/처리 & 중앙 Datacenter의 중간자 역할로 동작		
2.	Edge Data center의 동작방식 & 기술요소		

가. Edge Data center의 위치 & 동작방식

- 장기 데이터 분석/처리
- 장기 Data 저장
- 데이터 인프라스트럭처
- 전체 기능관리, Reporting

중앙 Data Center

비실시간 데이터 장거리통신

Edge Data Center   Edge Data Center

- 실시간 Data분석/처리
- 실시간 Action 응답
- 임시 Data 저장
- Communication/메시지교환

실시간 데이터 근거리 통신

단말장치 " 단말장치 "

- Data 생성
- 메시지 생성/응답

나. Edge Data Center의 기술요소

구분	기술요소	역 할
Edge Caching/ Computing	CDN	Contents가 단말근처에 위치, 전송지연 최소화
	엣지 컴퓨팅	단말 요청 실시간 처리, Data center 병목 현상 방지
N/W 기능	SDN/ NFV	소프트웨어(Software)기반 Network 기능제어 & 가상화

		N/W 기능	5G/6G / IoT	단말 장치 (Terminal Device) 연결 위한 이동통신 & 사물 Internet
			DCIM	데이터센터 환경요소의 실시간 관리
		Data Center Infra	U.P.S	정전 발생시 Computing 장치에 지속적 전력 공급 (Uninterruptible Power Supply)
			항온	데이터 센터(Data Center)내 컴퓨팅
			항습	장치의 온도 & 습도 유지

3. Edge Data Center 운영시 고려사항 & 개선 방안

	고려사항	-System이 여러곳에 분산되어 관리 어려움	
		-보안침해 발생시 신속한 대응 어려움	
		-특정위치에 장치 증가시 성능격차 발생	
		-전체 장치 증가시 Data Center 대역폭 부족	
	개선방안	-Self-Healing 등 자율 N/W, 중앙 원격 관리	
		-Zero Trust 보안 적용으로 피해 최소화	
		-예비 자원 운영 & 중앙 Data Center 자원 활용	
		-장치 증가 예상 대역폭 산정, SD-WAN 적용	

- 자율 주행자동차, Streaming 등 실시간 서비스는 지연 시간 최소화가 중요하므로 Edge Data Center 운영이 증가 될 것으로 예상됨

- 분산 아키텍처 특성에 따라 관리가 어려우므로 S/W 기반 기술(SDx)과 자율 N/W 등 자동화 기술 적극 활용 필요

"끝"

문 70)	뉴트론 (Neutron)	
답)		
1.	SDN의 실현화, Open stack Neutron의 개요	
가.	통합&관리, Neutron의 정의	
	‑Open stack의 N/W 서비스를 SDN을 적용하여 네트워크	
	를 관리하고 Cloud 환경의 외부 Network와 통합 &	
	관리를 제공하는 기술 & Framework	
나	SDN, plugin, API, 뉴트론의 주요특징	
	SDN	S/W기반의 Network 제어의 실체화
	plugin	다양한 N/W 하부기술을 Cloud 환경에서 수용제어
	API	Network Provider를 지원하는 확장성
2.	Neutron 구성 & 요소기술	
가.	Neutron 구성	

Open stack Networking

- 뉴트론 내부의 메시지 큐를 이용, 정보의 저장 & N/W 제어

4. 뉴트론의 요소기술

요소기술	기술 설명	핵심요소
뉴트론 서버	- L2 N/W, L3 서브넷 연동 - REST API, 확장 API 지원	- REST 기반 - keystone 인증공유
뉴트론 Agent	컴퓨트 Node에 설치 & 제어	N/W 벤더 연계
메시지큐	다수의 Agent와 plugin간 메시지 Queue	생성, 분배
plugin	가상 N/W 생성 & 관리	RPC 제어전달
DB	plugin의 생성정보 저장 & 보관	가상 N/W 정보

3. 뉴트론 발전 & 현황

- Nova Network → Neutron으로 발전

- 멀티티어 (Multi-Tier) Web Application 토폴로지 생성

- Cloud 테넌트에 API 제공, 풍성한 N/W 토폴로지 구현

"끝"

PART 5

클라우드 스토리지
(Storage)

스토리지 티어링(Storage Tiering), Storage 프로비저닝(Provisioning), 스토리지 풀(Storage Pool), 통합 스토리지(Unified Storage), Storage 유형(Block/File/Object Storage), DAS, NAS, SAN, 미러링(Mirroring), 스트라이핑(Data Striping), RAID 5, RAID 0/1/5/1+0, VTL 등의 기술을 답안으로 작성해 봄으로써 클라우드 스토리지 분야의 출제 경향을 파악할 수 있습니다.   [관련 토픽 – 16개]

문	71)	스토리지 티어링 (Storage Tiering)
답	)	
1.		Storage 비용/성능 최적화, Storage Tiering 개요
	가.	Storage 활용기술, 스토리지 티어링 정의
		Data 활용도에 따라 고성능 디스크와 저성능 디스크에
		구분하여 저장하여 관리하는 Storage 기술
	나.	효율, 성능 최적화 등, Storage Tiering 부각 배경

비용절감	증가(급증)하는 Data 저장 비용절감
관리 효율성	고성능/저성능 Storage 효율적 관리
성능확보	Mission critical Data 성능확보

2.		Storage Tiering 계층구조 & 기술요소
	가.	Storage Tiering 계층구조

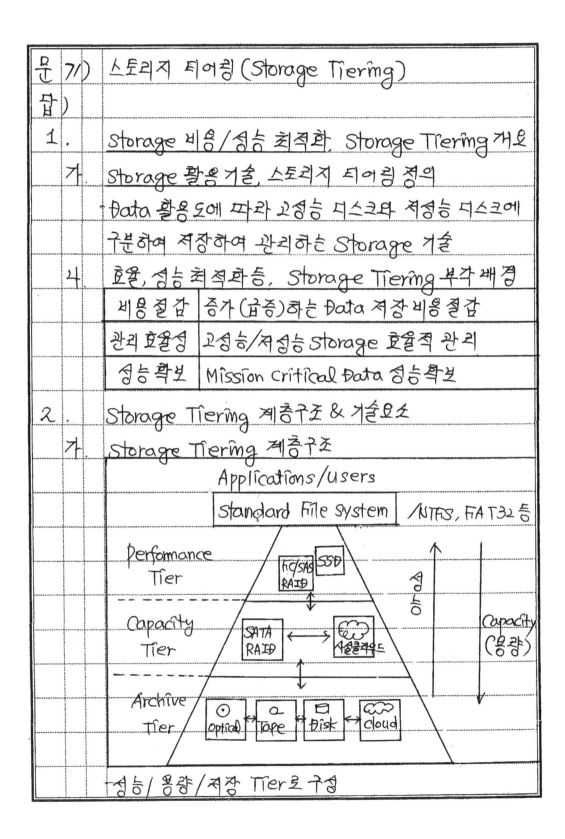

Applications/users

Standard File System / NTFS, FAT32 등

Performance Tier — FC/SAS RAID, SSD

Capacity Tier — SATA RAID ↔ 클라우드

Archive Tier — Optical, Tape, Disk, cloud

성능 ↕ Capacity (용량) ↕

- 성능/용량/저장 Tier로 구성

- 성능과 용량 요구사항 기반 각 티어(Tier)별 저장/관리기술

4. Storage Tiering 기술요소

기술요소	핵심요소	설명
Storage 컨트롤러	-FC 대역폭 확보 -Data chunk 최적화	-단계별 제어 -이기종 Storage 제어
Tier 구성기술	-Data 종류분석 -사용빈도 분류 -Data 속도/양 고려	-Performance (Tier1) -Capacity (Tier2) -Archive (Tier3)
Storage 관리정책	-관리정책 지원 -지속적 변경관리	-Storage 정책 Modeling -Storage 정책관리
Storage 자동관리	비용&성능고려 정책수립	Storage 관리정책에 따른 자동관리 기능

- FC : Fibre channel, 표준화된 전용스토리지 N/W 아키텍처
- 데이터 분석에 따른 비용 효율적 Tier구성,

  Storage 관리정책, 자동 Storage 관리로 구분됨

- Storage protocol에는 Fibre channel, FCoE,

  Infiniband (IB), iSCSI 등이 존재

- 3가지 매개변수 - 대역폭, 대기시간, IOPS
  (MB/s) 밀리초(1/1000초) 초당 I/O작업

3. Storage Tiering 적용시 고려할 사항

- Chunk size, Workload, Data 우선순위 정책등

고려 사항	설명

			Chunk Size에 따른 최적화	Chunk Size에 따라 용량 낭비 발생 가능, 성능고려한 최적화 필요
			Workload 수집, 분석	Tier 간 Data 이동전 Workload 수집&분석 주기결정
			Data 우선순위 정책	사용빈도는 낮지만 경영진 사용 Data 우선순위 부여 정책 고려

"끝"

문 72) 프로비저닝 (Provisioning)

답)

1. 자원 미리 확보, 요청 시 즉시 지급, Provisioning 개요

정의 - IT Infra 자원을 사용자 & Biz의 요구

사항에 맞게 할당/배치/배포해서 System을

적정하게 사용할 수 있게 하는 기술

필요성

가용성 — 모니터링 — 최적화 — 간소화
지속사용   상태   리소스사용 관리업무

2. Provisioning 구성(예시) & 설명

가. Provisioning 구성(예시)

- ① 접속 폭주 시 ② 자원 부족 여부 Monitoring 하고

③ 준비된 자원을 ④ 추가하는 도식

4. Provisioning 구성에 따른 설명

No	항목	설명

			①	접속폭주	예약/인·허가 System등 동시접속
			②	자원 부족	동시접속자 증가시 현 자원으로 대응(부족)
			③	Provisioning	준비된 자원을 부족시 대응 (활용)
			④	자원 추가	서버, CPU, Storage등 추가

- 자원 부족여부는 지속 Monitoring 필요 (저냥)

- Provisioning 기능을 자동화된 Tool 활용 → 자동 프로비

3. Provisioning의 종류

- 수동 프로비저닝: System 담당자가 수동 설정/확장등

- 자동 프로비저닝: 자동화 Tool 이용하여 자동 확장/수거등

Provisioning	설 명
서버 자원	서버의 CPU, Memory등 자원을 할당 & 적절하게 배치해서 운영 가능하게 준비된 상태
OS	OS를 서버에 설치, 구성작업후 OS 기동 준비완료
Software	WEB, WAS, DBMS, Appl.를 System에 설치/배포, 필요한 구성 Setting 작업실행 가능상태
Storage	미사용 Storage 식별후 공통 pool에 적재, 자원(스토리지) 요구시 추가설정, 효율성 높임
Account (계정)	신입입사시 자원 접근 가능하게 HR담당자와 IT관리자는 승인절차후 e-메일, Groupware, ERP등 사용가능토록 필요계정 생성 등의 과정

" 끝 "

문 73) 스토리지 프로비저닝 (Provisioning)

답)

1. 효율적인 storage 관리기법, 스토리지 provisioning 개요

　가. Storage Provisioning의 정의
- 사용자의 Service 요구에 대해 사용자 & 권한을 식별
하고 이에 따라 자원 (Resource)을 제공하는 일련의 과정

　나. storage provisioning의 2가지 방법

프로비저닝	OS 프로비저닝	→ Thick 프로비저닝
사전 정의된	Server 〃	-전통적 방식
정책에의해	스토리지 프로비저닝	-성능우선/고정할당
자원&서비스를	계정(Account)	→ Thin 프로비저닝
사용자요구에 따라 자원& 제공	Software	-공간활용중심
		-동적확장

- 물리적으로 확보된 storage Pool을 기반으로 사전 정의된
정책에의해 storage에 대한 Client의 요구사항에
대해서 효과적인 성능과 공간활용을 목표로 관리 / 제공 가능
- DB의 목적에 따라 전통적인 Thick & Thin 방식 운용

2. Thick / Thin Provisioning의 개념과 구조의 비교 설명

　가. 썩/썬 provisioning의 개념 비교 설명

Thick provisioning	응용 program의 사용을 위해 특정볼륨을 생성, 각 Volume에 대한 Data 용량을

			우선적으로 생성한 후 이를 Host에게 할당
			(Allocation)하는 전통적인 프로비저닝
		Thin Provisioning	사전에 Storage 용량을 할당하지 않고 Data 작성시 응용프로그램에 적시된 용량을 바탕으로 가상화기술을 통해 동적(Dynamic)으로 Storage를 확장하는 Provisioning

4. Thick Provisioning 구조의 설명

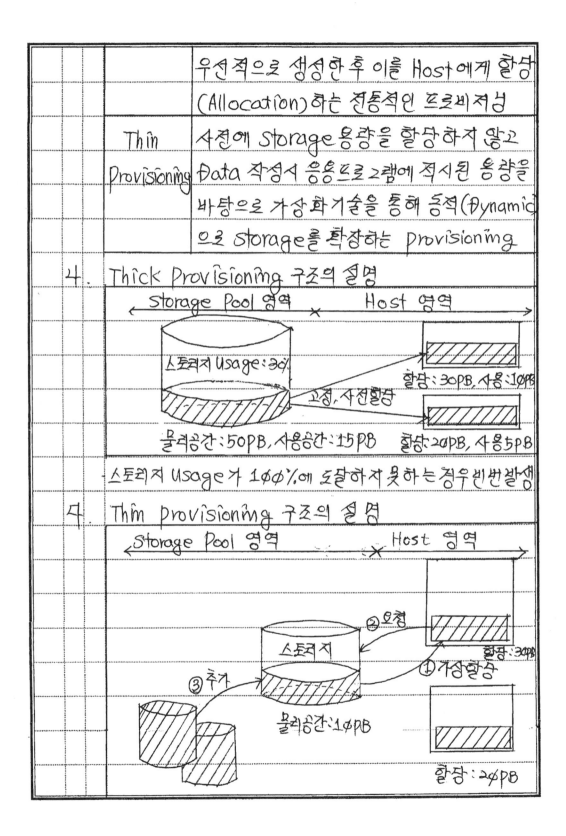

스토리지 Usage가 100%에 도달하지 못하는 경우 빈번발생

4. Thin Provisioning 구조의 설명

- Thin Provisioning의 경우 가상할당후 필요시에만 물리적 공간을 확장하므로 공간 활용 극대화

3. Thick / Thin provisioning의 요소별 비교 설명

가. 기술 구성요소 관점에서 비교 설명

구분	Thick 프로비저닝	Thin 프로비저닝
가상화 기술	스토리지 pool을 구성시, 물리적 자원 통합 & 관리 목적으로 제한적 사용. 동적인 자원 확장지원을 위해서는 사용하지않음	Header정보만 통해 가상 디스크를 생성, Data 작성시에 실제 사용할 만큼만 물리적 Disk를 할당하여 사용(동적 할당 가능)
무중단 기술	스토리지 확장보다는 장애 나 재난 대응위한 Recovery 중심의 Mirror site 구성 기능 제공	Host의 물리공간 부족시 storage pool 중단없이 실시간으로 storage를 추가하거나 대체 기능 제공
DR System	단일 스토리지내 고정 제공된 Storage의 할당공간에 장애 발생시 즉각적 조치 통한 고정공간 재 할당	가상Disk 운용중 발생 가능한 재난/장애 상황 대처, 스냅샷와 Backup System 통한 Data 보호조치

- 동적 할당 가능여부에 따라 비교됨. Seamless 서비스를 위해 Thin provisioning으로 동적 할당

4. 기술 성능 요소 관점에서 비교 설명

구분		Thick 프로비저닝	Thin 프로비저닝
	부하관리 성능	Host별 사전 할당된 목적 존재, 동적 부하분산 위한 기능요구가 낮음	블럭단위 스토리지 운영/ 관리 통한 I/O처리, 가상화 된 자원의 효율적 활용
	Data Migration 성능	실시간 아관보자는 할당 공간등록&회수통한 Data 활용&최선화 처리	각 Block 범위 변경시 Pool Elements간 Data이동 통한 I/O 접근속도 향상
	Data 스트라이핑 성능	최초 Data 입력시점 공간 을 기반, Host새 물리적 Disk분할로 처리	입력 Data를 각 Block단위 Free 상태에 따라 분산 배치, 성능향상 도모

- 기술구성과 성능간의 차이점 고려, 기능특징과 정책에
따라 선택적으로 Provisioning을 제공할 필요있음

4. Thick/ Thin Provisioning의 효율적 활용 비교 설명

  가. 효율적 활용, 운영특징 비교

Thick provisioning		Thin provisioning	
입출력성능위	사전 정확한 규모산정 ,고정할당 I/O성능우수, 전통방식	스토리지 공간활용 상비공간 절약, 운영비용 절감	동적 변경가능,
변경대응용이	Host요청시 on- time으로 지원과 관리용이	Green IT 실현 전력 차단, 냉각비용 감소등	미사용 스토리지
명확한산정책	적정규모를 사전 각악후 운영가능	초기비용절감 따른 단계적 투자 진행가능	System 확장에

- "성능 최우선 운영정책'일 경우는 Thick 프로비저닝
  고려, 지속가능경영과 Green IT 측면에서는 Thin -
  Provisioning 적합, 기업상황에 따라 운영정책 선정.

4. 효율적 활용, 운영정책에 따른 특징비교

Thick 프로비저닝		Thin 프로비저닝
- 기업내 storage		- Green IT 통한
- 규모산정예측 가능시	Storage	에너지 제어 필요시
- I/O성능 극대화	운영	- 초기설비투자의
필요시	정책	한계문제 존재시
- 전통적인 Database		- 지속적 유지비용
연계 필요시		제어 필요시

- Thin provisioning 경우 I/O성능부분 상세 검토와
  System 규모와 SLA관점에서 면밀한 선행 검토가 요구됨.

"끝"

문 74) 스토리지 풀 (Storage Pool)에서 논리적 Disk를 생성, 할당, 확장할때 고려되어야 할 사항과 그 장점에 대해 설명하시오.

답)

1. Storage 자원 효율적 활용 Storage Pool의 개요

가. 하나의 통합 Pool로 구성. Storage Pool의 정의

- 복잡하게 구성되어 있는 Storage 자원들을 하나의 Pool로 묶어 사용자가 편하고 간단한 파일이나 Volume (볼륨) & 다른 형태의 저장매체 (SSD → HDD)로 인식되도록 하는 Storage Group.

나. Storage의 물리적/논리적 view

물리적 view	논리적 view
데이터 Block	File : Filesystem으로 구성 (window, Linux등 인식)
Disk	LUN : Logical Unit Number Logical한 Volume 구별
Array	스토리지 : 하나로 통합 Pool

다. Storage 가상화

- Storage 자원의 효율적 활용 & 관리 비용 절감을 위해 Storage 자원들을 물리적으로 연결하고 Logical (논리적) 하게 Grouping화 한 자원

2. Storage Pool의 구성효과와 Storage Pool의 구성기술

가. Storage Pool의 구성효과

구분	효과
복잡한 스토리지 (Storage) 기반 구조의 단순화	물리 (physical)적인 경로의 수를 논리 (Logical)적으로 단순화함
Storage 기반구조의 관리 기능 향상	Server로 부터 System 관리영역 과 스토리지 관리영역을 분리
Server 가용성 향상	-스토리지 구성변경→서버에 미영향 - 서버의 재부팅 작업 감소
이질적인 환경의 호환성	Storage Pool의 공유

4. Storage pool의 구성종류

분류	내 용
SAN 기반 Pool	-Storage Area Network -보안, Storage 공유를 포함하는 Storage 자원의 통합&Data공유를 포함하는 SAN 각일 System 등을 위한 가상 Volume 제공
Storage 기반 Pool	Storage 컨트롤러에서 가상화 Solution 탑재 -가상화가 하나의 Storage에 국한되어 호환성& 확장성 떨어지나 다른방식보다 안정성 우수
Network 기반 Pool	-모든 storage가 Switch와 같은 N/W장비와 통합된 고성능 서버를 통해서 가상화 구현 -NFS와 같은 protocol 이용, 이기종 서버간 Data공유 -NAS client에게 다양한 저장공간&권한제공

3			storage Pool에서 논리적 Disk생성, 할당, 확장할 때 고려되어야 할 사항
	가.		논리(Logical)적인 Disk 생성시 고려사항
		호환성	이 기종 storage간 통신 protocol(DAS, SAN, NAS, IPSAN, iSCSI등)을 고려하여 생성 필요
		확장성	빠른고가 storage에서 저속 Tape까지 Data 접근 & 용량요건에 충족할수 있도록 다양 저장장치
		투명성	물리적 스토리지 인프라의 종류 & 위치와 관계 없이 사용자는 정책에 따라 Data관리가 가능
		추적성	Data가 어느위치에 저장되는지 추적 필요
	나.		논리적인 Disk 할당시 고려사항
		보관정책 수립	Data 접근속도(Access)&용량에 따라 정책을 수립하여 Data를 Grouping 필요
		저장장치 분류	저장 Device (SSD, HDD, Tape등) 속도 & 용량에 따라 분류 & Grouping 필요
		Data& 저장장치 매핑	보관 주기 & 접근성등을 고려 하여 Data를 저장장치에 할당, 기록저장, 저장장치 MTBF고려
		인증& 권한	사용주체별 인증 & Disk 할당권한 정책수립 - 논리적 Disk 별 사용자 이력(접근, R/Write등)
	다.		논리적인 Disk 확장시 고려사항
		호환성	근거리 & 원거리 장치로 확장 연결시 통신 protocol에 대한 호환성 유지

(Backup) Storage Pool에 대한 용량 증설시 Backup 용량을 동시에 확보 해야 함

4 Storage Pool을 통한 Logical적인 Disk 사용시 장점 & 고려 해야 할 사항

가. Storage Pool을 통한 논리적인 Disk 사용시 장점

분류	내 용
Infra 운영자 측면	- 스토리지 Infra 통합으로 산재된 저장장치에 대한 자원 활용의 효율성/극대화 - 통합 스토리지 문제, 구성관리등의 일원화 가능 - 전반적인 IT투자 (스토리지) 계획등 정책수립용이
Data 관리자 측면	- Data 분류에 따른 보관 & 접근 정책을 설정하고 효과적으로 Storage에 저장 → Fast Access 안정적인 보관, 이력관리등 가능 - Data에 대한 규제 & Compliance 준수 용이 厓 - Biz 중심 Data ('Master Data)에 대한 안정적관 - 문서(Data) 보관에 대한 획기적 비용절감
Biz 측면	- Biz 변화에 따라 빠른 Infra 재용가능 - 신규 Biz에 대해 Historical한의사결정 Data 제시 통한 Biz 민첩성 향상

나 Storage Pool을 토합, Storage 가상화 구현시 고려사항

- Data의 양 & Biz 정책에 따른 적절한 Storage Infra 선정 필요 (Thick/Thin 프로비저닝 고려)
- Storage Data 손실시 복구 (Recovery)를 위해 Backup System 구축시 Data의 중요도에 따른 Back-up 우선순위 정책 수립 필수
- 이기종 System & Storage가 통합될 수 있는 가상화 Solution 도입 필수 (물리 Device를 하나의 논리적인 Device로 가상화 가능)

                                        "끝"

문75) 통합 스토리지 (Unified Storage)

답)

1. Cloud Computing 적용, Unified Storage 개요

　가. 통합 스토리지 (Unified Storage) 정의

　- 서버 가상화, Storage 간의 통합을 위해 Block 단위 SAN
　과 파일 단위 NAS를 단일 Storage System 에서
　동시 지원 가능한 기술

　나. Unified Storage 등장배경

Hybrid (통합) Storage	⊢ 다수 스토리지, 이기종 플랫폼 관리, 비용절감
	⊢ SSD와 HDD를 Storage Pool로 구성
	⊢ 유연성, BigData에 대한 Infra 공유

2. 통합 Storage 구성 및 핵심기술

　가. Unified Storage의 구성

분류	다이어그램	핵심 기능
블록기반 SAN(iSCSI), NAS(FCP), switch	→ 통합 스토리지	CIFS, iSCSI, FCP, FCoE 통합
파일기반 SAN(FCoE), NAS(CIFS), Ethernet		Resource Pooling
		Thin provisioning
		Deduplication
		Data 관리, Backup

- Protocol, 성능, 용량확장성, 단일화된 관리 지원

　나. Unified Storage 요소기술

구분	기술	설명
관리효율	Thin provisioning	on-demand 용량증설, 초기도입비 감소

			Deduplication	중복 검출&제거, Storage 공간 절약
		관리	Backup	Thin Clouding / Replication 내장
		확장	통합 패브릭	NAS, IP-SAN, FCoE 동시 지원, 통합 패브릭
			계층 통합	용량(HDD) / 성능(SSD) 계층 범주화
		운영	통합 운영	1차 / 2차, 아카이브 계층의 통합
			리소스 제어	용량, 성능의 공유 & 재할당

3. 통합 Storage 활용 & 전망

- 통합 Data, Cloud 환경 - 통합 Storage 구축에 활용
- 효율성과 확장성 주목 ← Storage 통합의 핵심

"끝"

문 76)	오브젝트 스토리지 (Object Storage)		
답)			
1.	비정형 Data 저장 기반, Object Storage 개요		
가.	정형이 아닌 비정형 기반, Object 스토리지 정의		
	- 데이터에 식별자를 부여(.pdf, .html, .jpg)하여 등에 식별자부여		
	Container에 저장, 필요시 식별자로 호출하여 비정형		
	Data 처리에 우수한 저장 장치 (Object Storage)		
나.	Object Storage의 특징		
	Meta Data	식별자 기반, Object 단위 Service 수행	
	중복 최소화	단일 Object를 여러 사용자가 공유(share)	
	컨텐츠 수명	Content 수명(보유기간) 주기 지정 가능	
2.	Object Storage 구성도 & 구성요소		
가.	Object 스토리지 (Storage) 구성도		

	- Account, Container, Object server, API관리기능 존재		
나.	오브젝트 스토리지 구성요소		
	구성요소	역할	설명
	Account	사용자 계정	Storage 사용자별 공간

Container	Object 보관	object 묶음보관, 버킷
Object	Data, file	음원, 동영상, 이미지 등
API Manager	Web 기반통신	Client-Storage Web기반통신
네임스페이스	개인화 관리	개인 버킷 소유위한 엔터티

3. Object, Block, file storage 간 비교

항목	object	Block	파일(File)
개념	비정형 object 단위 서비스	동일 Block 단위 데이터 관리	파일기반 계층적 구조공유
목적	음원(WAV등), 동영상 이미지 서비스	DB, 파일시스템 공간 제공	공유 디렉토리 파일 공유
Data	비정형	정형	정형
단위	object, 메타데이터, 식별자	LUN, PV/LV	파일 디렉토리
I/F	RESTful	FC, iSCSI	NFS, CIFS
사례	아마존 S3, openstack (Swift)	SAN, DAS	NAS

4. object Storage 의 장/단점과 활용사례

가. object storage의 장/단점

장점	단점
- 정형 Data 저장	- 제조사별 API 차이
- 비정형(음원, 동영상등) 저장	- 제품별 호환성 저하
- 단일 object 여러 사용자 공유	- block/ file storage
- 공유(share)로 공간 효율적	대비 Throughput 성능 저하

나. object storage 활용사례

활용 사례	설 명
아마존 S3	Owner (사용자), Bucket (Container), Object (데이터)로 구성
Open stack Swift	Proxy server, Account / Container / Object-server, Swift-API로 구성

"끝"

문 77)	Storage 유형 (Block/File/Object Storage)
답)	
1.	Fast Data Transfer 가능, Block Storage 개요
가.	Block 단위 Access, Block Storage 정의
	- 일정한 크기의 Block으로 나누어진 Storage의 논리
	볼륨 (Volume)을 블럭단위로 Access할수 있는 스토리지
나.	Block Storage의 구성

Block storage

- 서버 --- Application ←→ protocol FC, iSCSI Block 단위 → 스토리지 논리볼륨을 블록으로 가능

		- Application 저장 Block의 주소로 Access하는 경우와
		File System을 통해 Block의 주소로 Access 가능
다.		Block storage의 접근방식 & 장단점
	접근 방식	- 각 Block은 저장된 위치에 따라 고유주소 보유 전달 서버에
		- 서버에서 파일 요청시 Block들을 재구성후 하나의 Data로
		- SAN(스토리지 Area N/W) & 가상머신의 Disk로 사용
		- 단일 스토리지 볼륨을 '블록'이라는 개별단위로 분할 저장
		- 데이터가 블럭 단위의 일정크기로 분할되어 저장
	장점	- Data Block은 OS와 무관, 가장 효율적인 곳에 저장
		- File System에 무관, 경로지정/탐색 유연, 신속
		- 대규모 Transaction, 대용량 DB 운영에 유리

			- H/W로부터 가상화 하기 쉬워 Container 기술과 호환가능
		단점	- 상대적으로 고비용 소모
			- Metadata 처리 가능 제한적으로 효율적 Data정리 불가
2.			File의 접근제어, 속성 정보 관리 Easy, File storage
	가		File 단위 Read/Write. 각일 Storage 정의
			- SMB, CIFS, NFS등의 Protocol을 사용하여 각일 기준
			으로 읽고 쓸수 있으며 공유(Share) 가능한 Storage
	나		File storage 구성

File storage

서버 --- Application ←→ (Protocol SMB.CIFS. NFS등 각일단위) → 스토리지 각일시스템을 제공

			- File system을 Network을 통해 연결(Protocol)하여
			Storage의 File System을 제공 가능
	다		File storage의 특징 & 장단점
		접근 방식	- 계층적 트리구조로 Data저장, 디렉토리에 접근 방식
			- Window 탐색기, Max OS의 파인더 형식
			- File & Folder가 캐비넷에 정리되는 방식의 계층구조
			- NAS(N/W Area storage)에 사용
		장점	- 논리/직관적 계층구조, 탐색이 편리
			- 일반적으로 사용되는 방식, 많은 저장소에서 사용

			- 다양한 매체 (Media) 저장가능
		단점	- 저장구조 변경시 Tree구조 변경하거나 System 변경 필요하여 확장성이 낮음
			- Data 접근이 단일경로를 통해서만 이루어짐
			- 파일수 & Directory 구조가 복잡할수록 성능저하
			- OS (운영체제)간 호환성 낮음 - File System 차이

3.		가용성 & 비용 효율적 저장장치, Object storage
	가.	Object storage의 정의
		- HTTP protocol 기반 REST API를 사용하여 고유한 ID 통해 Data를 객체 단위로 처리하는 storage
	나.	Object storage 구성

object storage

Protocol
HTTP/HTTPS
(RESTful API)
Object 단위

서버 --- Application

스토리지
※고유한 ID와 데이터를 object 로 관리

		- object의 ID(URI)를 지정하여 RESTful API Interface를 통해 Access 가능
	다.	Object storage의 특징 & 장/단점
		접근 방식

		접근 방식	- object ID 지정, API I/F를 통해 Access
			- partition 불필요, 용량과 무관하게 Data 수용가능
			- 계층구조 아님, 복잡한 Directory 구조없음, 병목 미 발생

			접근 방식	- 자동 (Automatic) 데이터 복제 가능
				- 다운 타임 미발생으로 Data 일관성 보장
				- 비정형 Data에 작동
			장점	- 데이터 검색 & 읽기 속도가 빠름
				- 맞춤 작성 가능한 Meta data 제공
				(상세한 Search & Data 분석 수행 가능)
				- 대용량 Data 저장 가능
			단점	- Meta data로 인한 입/출력 overhead 발생
				- Data 수정 발생시 Object 전체 수정 필요
				- 성능(performance) 일관성 미보장

"끝"

문 78)		DAS (Direct Attached Storage), NAS (N/W Attached Storage), SAN (Storage Area N/W)
답)		
1.		연결방식에 따른 Storage 유형, DAS/NAS/SAN 정의
	DAS	N/W 점유없이 전용 케이블로 서버에 Direct로 연결
	NAS	N/W로 서버, 저장장치 간의 데이터 전송 & 공유 가능
	SAN	서버와 저장장치 (Storage Device)를 Fiber channel 스위치로 연결한 고속 데이터 Network
		- 데이터 저장 용량 확충을 위해 Network 기반으로 저장장치 (Storage Device)를 연결하여 구성
2.		DAS, NAS, SAN의 구성 & 기술특징
	가.	DAS, NAS, SAN의 구성 설명

DAS	NAS	SAN
Appl. 서버 File System SCSI, FC JBOD Storage	Appl. 서버 이더넷 스위치 —LAN 객체시스템 RAID / File System RAID Storage	App. 서버 File System FC 스위치 — SAN스위치 RAID / RAID Storage
서버와 Direct 연결	LAN 기반 연결	FC스위치 통한 연결

- JBOD (Just a Bunch of Disks) : 여러 Disk를 하나의 Disk로 인식

4. DAS, NAS, SAN의 기술특징 설명

구분	DAS	NAS	SAN
접속장치	없음	이더넷 스위치	FC 스위치
스토리지 공유	가능	가능	가능
파일시스템 공유	불가	가능	불가
파일시스템 관리	Appl. 서버	파일 서버	Appl. 서버
속도결정요인	채널속도	LAN, 채널속도	채널속도
QoS	대역폭보장	Best Effort	고대역폭 보장
I/F & protocol	FC,SCSI,SAS등	CIFS, NFS, TCP/IP	FC, iSCSI, FCoE

- 유형별 기술특징을 이해하여 System 요구사항에
맞는 Storage 아키텍처 수립 필요

3. System 요구사항에 따른 Storage 아키텍처

```
┌──────────┐      ┌──────────┐      ┌──────────┐
│  소규모  │      │신뢰성 있는│      │ 고성능,  │
│ 독립구성 │      │ 파일공유 │      │확장성 필요│
└────┬─────┘      └────┬─────┘      └────┬─────┘
     │                 │                 │
     ▼                 ▼                 ▼
  ( DAS,           ( TCP/IP           (  FC
  Local Disk )      기반 NAS )         기반 SAN )
```

- 요구사항에 맞는 Storage 유형 & protocol등
Storage 아키텍처 수립 필요

"끝"

문 79)	SAN (Storage Area Network)	
답)		
1.	대용량 Storage Network, SAN의 개요	
가.	SAN (Storage Area Network)의 정의	
	- Server와 Storage를 저장장치 전용 Network로 상호구성하여 고가용성, 고성능, 응통성, 확장성 보장기술	
나	SAN의 등장배경	
	실 시간수요	대용량 Data의 실시간 저장수요 증가
	통합관리	기업내 분산된 Storage자원 통합운영필요
	중복투자회피	저장장치 중복 회피, 관리용이성 증대 요구
	Backup	안정적, 신속한 Data Backup 필요
다.	SAN (Storage Area Network)의 특징	
	High 처리속도	광채널 사용, High 처리 속도/ 전송속도
	단일저장장치	Single 저장장치, 중복투자 불필요
	확장/유연성	용량 무한 확장/유연성으로 가용성 확보
	성능보장	System에 독립적인 구조, 성능보장
2.	SAN의 구성요소 & 구성도	
가	SAN의 구성요소	
	구분	내용
	저장장치	Fiber channel RAID, Ultra SCSI RAID등
	N/w	Fiber Cable, Switch, Hub, Ethernet등

			S/W	구성요소간 통신, Backup, Recovery, 통계등
			Server	Application 설치/동작, Client와 통신
			SAN 스위치	Storage(저장)장치 Access
			파일시스템	OS와 독립적, 타 기종 Server 간 데이터관리제어

4. SAN의 구성도

- 서버, SAN switch, Storage로 구성

3. SAN Management S/W의 관리요소 & 기능

가. SAN Management S/W의 관리요소

		장애관리	System Fault 발견, 기록, Alert, 통보등
		계정 관리	Loading 관리, 삭제/변경 (계정) 관리
		구성 관리	System Component 구성요소 관리
		성능 관리	허용 가능한 성능(performance) 유지
		보안 관리	권한 관리, 권한부여자만 Access 허용

4. SAN Management Software 기능

구분	요구 기능
Fiber 채널관리	- 분산 구조의 성능과 효율성 제공 - 집중화된 Storage 신뢰성 & 관리 용이성 제공
SAN 통합관리	- N/W상 단일 제어지점으로 관리 가능 기능 제공 - Storage Management & Monitoring
I/O 성능 최적화	- 전체적인 I/O 가용성 확장 - 효율성, 성능의 지속적 관리 지원
Data 복제	- 우회 경로 대체 활당, 등거/비등거식 복제 - 장애에 대한 신속한 복구
Backup 관리	- 정보의 가용성, 신속한 백업 체계 유지 - LAN free & Server free 방식의 Backup

4. SAN의 장/단점, 기대효과, 고려사항

   가. SAN 장/단점

	장점	- 단일 저장장치의 구성으로 중복투자 불필요
		- 저장장치와 Backup 장비들의 단일화, Easy 관리
		- Fiber(광) 채널 사용 - High 처리속도
		- 최대 수~수십 km로 거리의 제한이 줄어듦
		- 대용량 File 전송에 적합
	단점	- 제한적인 OS, 기능적 자원 미비, 보안 위험성
		- 이기종간 호환성 체계 미비, 관리 기법 필요
		- DB / Appl. 공급자 참여부족, SAN 활용 S/W 부족

4.	SAN의 기대효과	
	관리효율성	전사 저장장치 통합, Data 관리효율성 제고
	LAN부하방지	저장장치 전용 N/W 이용하므로 LAN 부하방지
	Backup효율	Data Backup 효율성 향상
	응답속도개선	Fiber channel - 고속 Data 전송, 응답속도 개선
다.	SAN의 고려사항	
	구축시	-Storage 전사적 차원에서 구현/연결방안
		-기술선택 & 공급자 선택, 관리가 용이한 Storage 활용
		-SAN에 구현하는 S/W의 역할?
		-System과 System 간의 File공유 방안
	운영시	-다양한 콘텐츠 입력 (SAN에) 절차 수립, 관리방안
		-입력소스 검색, 고객 요청결과를 출력하는 기능개발
		-검색 System을 통한 분류 정보의 추가
		-업계 표준 protocol 지원 여부

"끝"

문80)	IP-SAN
답)	
1.	IP 기반 Network Storage, IP-SAN 개요
가.	Giga-Bit 이더넷 활용, IP-SAN의 정의
	기존 Fiber channel로 이루어진 SAN과 기가비트
	Ethernet를 이용하는 IP Networking 기술을 접목하
	여 운영과 성능의 효율성을 극대화하는 기술
나.	IP-SAN의 등장배경
2.	IP-SAN의 종류(FCIP, iFCP, iSCSI) 및 설명
가.	FCIP(Fiber channel Over IP)
	- 광역의 FC SAN 구축위해 TCP/IP새에 FC 프레임 캡슐화
	- 터널링 protocol 이용 : 광 채널 frame 둘러싸기 (Wrapping)
나.	iFCP(Internet Fiber channel Protocol)
	- FC Storage 장비를 직접 IP N/W에 확장
	- 광 Channel Routing Protocol에 독립적

- 한 지역에 손상이 발생해도 다른 지역 무피해 「제3」
- Infra 변경없이 구축 가능, S/W, H/W 모두 높은 상호 접속성

```
┌─────────────────────────────────────────────────────────────┐
│  (스토리지)─[FC스위치]─[iFC GW]─(N/W)─[iFC GW]─[FC스위치]─(스토리지) │
│                        |←Device to Device→|                   │
│                             Session                           │
└─────────────────────────────────────────────────────────────┘
```

- Gateway (GW) 방식 : Gateway를 이용한 protocol
  변환 방식으로 간주됨

4 iSCSI (Internet Small Computer System Interface)
- SCSI 명령을 IP Packet으로 캡슐화하고 I/O 블록 Data를
  TCP/IP N/W을 통해 전달
- Storage를 고유 iSCSI로 가장 빠른 I/O 보장
- iSCSI는 광 채널 장비 FC protocol과 통신 하지 않음

```
┌─────────────────────────────────────────────────────────────┐
│  (iSCSI스토리지)─[iSCSI스위치]─(N/W)─[iSCSI스위치]─(iSCSI스토리지)   │
│                     |←─ IP 패킷으로 캡슐화 ─→|                   │
└─────────────────────────────────────────────────────────────┘
```

- 완전 대체 방식 : N/W 내외에 같은 protocol 사용 IP SAN 솔루션
- 기존 N/W protocol을 통한 높은 가용성 보장
- SNMP & 기타 N/W 관리 Tool에 의한 Easy N/W 관리
- IPsec 등의 기술 통한 High 신뢰성 제공
- 저렴한 N/W storage 구축 비용

3 IP-SAN 간 비교 & 적용
- 장애 복구 System 등의 DRS에 적용

- ISP의 지역 Center 연결 서비스(CDN)에 사용

구분	FCIP	iFCP	iSCSI
광채널 Protocol	- 종속적 - 확장성 문제	- 독립적 - 확장성 보장	- 독립적 - 확장성 보장
SAN 손상여부	공용 SAN 손상	손상없음	손상없음
단말 Device	FC	FC	iSCSI/IP
Fabric 서비스	IP	FC	IP

"끝"

문 81) Disk를 병렬화 할때 사용하는 미러링(Mirroring), 데이터 스트라이핑(Data striping), 비트레벨(Bit Level)striping, 블럭 레벨 스트라이핑(Block Level Striping) 방법의 특징에 대해 각각 설명하시오

답)

1. Disk 병렬화 통한 I/O 성능향상, 미러링, 스트라이핑 개요

가. 중복저장, 미러링(Mirroring)의 정의

- 두개의 Disk에 중복저장, 즉, 같은 내용을 다른 Disk에 Mirroring 해서 저장

나. 분산저장, 스트라이핑(Striping)의 정의

- No parity
- Data를 Segment 단위로 각각의 Disk에 분산저장
- 병렬로 Write
- 복구기능 부재

2. Disk 병렬화에서 중요한 기반기술종류

가. 병렬화 기반 기술종류

기술유형	세부 설명
미러링 (Mirroring)	물리적 Disk에 중복/복제 함으로써 가용성을 확보하는 기술

			데이터	Bit Level	논리적으로 연관된 일련의 자료 즉, 파일을 세그먼트 단위로 분할하여
			스트라이핑		
			(Data	Block	물리적으로 분산된 Disk에 저장, 성능
			Striping	Level	향상 도모, -Segment 단위를 Bit 단위
			)		& Block 단위로 분할 처리 가능

4. Disk 병렬화 통한 제공 가능한 RAID 유형

기술 유형		RAID 유형	비용	성능	장애 내성
미러링 (Mirroring)		1	2N	1	2
데이터 스트라이	Bit Level	∅, 2	2N	2	1/2
징(Data Striping)	Block Level	4,5,6	1.5N ~2N	2	1/2

3. Mirroring 과 Disk striping 세부기술과 특징

기술유형	세부 기술
미러링 (Mirror-ing)	

Disk Controller에서 데이터를 복제하여
Disk Failure시 다른 한쪽의 Disk를 통해 복구

		Bit Level Data 스트라이핑	
			- Bit 단위로 스트라이핑을 처리하여 적은 자료든 Big 자료든 모두 성능향상 도움 (병렬기록)
			- Failure시 작은 Bad Sector에도 장애 발생
		Block- Level Data 스트라이핑	- Block 단위로 Striping 하여 논리적/ 물리적으로 병렬 write(기록) I/O 성능 향상
			- 블럭 단위로 파일을 분할하여 저장하므로 Block 단위보다 적은 size는 단일 Disk에 저장
			- Fail 발생시 Bit Level 데이터 스트라이핑 대비 하여 장애 내성이 좀 상대적으로 높음

- Sector(섹터) : 물리적 기록 최소단위 (512/1024... Byte)
- Bit Level striping이 Block Level striping 대비하여 구현이 단순하며 성능우수
- Bit와 Block striping의 차이점은 I/O 단위의 차이(Bit/Block)를 통해 장애 가능성 차이 존재

4. Disk 병렬화를 기반한 활용사례

			활용사례	내 용
				-저렴한 Disk 중복 사용, I/O 성능극대화
			RAID	-RAID1∅을 사용, Mirroring과 Data striping 동시수행, 가용성/성능 향상
			Linux LVM	-Logical Volume Management
				-LVM은 Mirroring과 Striping 기반 성능향상 도모

"끝"

문 82)	RAID 5		
답)			
1.	고가용성, 고성능 스토리지 구현, RAID의 개요		
가	RAID (Redundant Array of Independent Disk) 정의		
	복수의 Disk 장치에 데이터를 분할하여 병렬로 저장 & 복구하는 고속, 고효율, 안전한 Storage 장치 제어 기술		
나	RAID 주요기술		
	Mirroring	두개의 Disk에 중복저장, 결합복구	
	Striping	Data Block들을 여러개의 Disk에 분산 저장	
	패리티 Check	짝수/홀수 Parity check 오류 Bit 정정	
	Hamming 코드	Bit 오류 검출, 정정가능, RAID 2	
2	RAID 5의 구성 & 설명		

RAID5

	A1	A2	Ap	A-parity
구성	B1	Bp / B-parity	B2	
	CP / C-parity	C1	C2	

Disk0   Disk1   Disk2

	① HDD, SSD 등 3개 이상의 Disk에서 적용가능
설명	② 안전성 & 속도 모두 무난 → 가장 많이 사용
	③ Parity 분산 저장 → 병목 현상 완화
	④ 장애 발생시 Parity 활용 복구. Seamless 사용
	⑤ 사용용량 ex) 1TB × 3개 = 2TB

3.		RAID 5의 장/단점, 활용	
		장점	-Data 저장이 효율적 (분산/병렬기록) 구축
			-Striping 기능, 빠른 Read/Write 속도, 비용 저렴
			-보안, 내결함성 & 성능 간의 적절한 균형
		단점	-두개 이상의 Disk가 기록 충돌시 Data 손실 가능
			-Parity 기능으로 인해 Storage 용량 커짐
		활용	-I/O가 빈번한 Data warehouse, Web 서비스 적용
			-아카이빙, On-Line Transaction, 높은 Disk I/O 요구

"끝"

문 83) RAID 0, 1, 5, 1+0 의 설명, 비교 및 활용

답)

1. 고가용성의 Storage 구현 기술, RAID의 정의

- Mirroring, Stripping, Parity check, Hamming Code 적용등으로 복수의 Disk에 Data를 분할, 병렬 처리의 저장 & 복원하는 고속/고효율 Storage 제어기술

중복 저장 ── 분산 저장 ── 패리티 저장 ── 오류 정정

├ Mirroring   ├ stripping   ├ Fail시   ├ Hamming
└ 별도저장   ├ parity   └ 패리티 활용   └ Code 활용
               └ 저장   복구   └ 자가정정

2. RAID 0, 1, 5, 1+0의 설명

가. RAID (Redundant Array of Independent Array) 0

구성

RAID 0

| A1 | A2 |
| A3 | Striping | A4 |
Disk0   Disk1

설명
① HDD, SSD등 2개 이상의 Disk에서 적용가능
② Data 보호기능 (parity) 없음
③ Data를 분할하여 각 Storage에 저장, 속도빠름
④ 사용용량 (예시)
   (ex) 1TB × 2 = 2TB (Data 사용)

4.	RAID 1의 구성 & 설명	
	구성	RAID1 Mirroring A1 A1 A2 A2 : Disk0 : Disk1
	설명	① HDD, SSD등 2개이상 Disk에 적용 ② 안정성 극대화 구성방식, 2개 storage에 동일한 Data 저장 (Mirroring) ③ 사용용량 예) 1TB×2 = 1TB만 사용가능
5.	RAID 5의 구성 & 설명	

	구성	RAID5
		 A1 A2 AP
		    A-parity
		 B1 BP B2
		   B-parity
		 CP C1 C2
		 C-parity
		 Disk0 Disk1 Disk2

	설명	① HDD, SSD등 3개 이상 Disk에서 적용 ② 안정성 & 속도 모두무난 ← 많이 사용 방식 ③ Parity 분산 저장 → 병목 현상완화 ④ Storage 1개에 장애 발생시라도 parity 영역을 활용, Seamless 사용가능 ⑤ 사용용량 예) 1TB × 3 = 2TB 사용가능

라.	RAID 1 + 0 구성 & 설명			

RAID 1 + 0

RAID 0

RAID 1   RAID 1

구성

A1	A1		A2	A2
A3	A3		A4	A4
A5	A5		A6	A6
⋮	⋮		⋮	⋮

Disk#1   #2   #3   #4

설명

① HDD, SSD등 4개 이상의 Disk에서 적용가능

② Storage 절반은 RAID 0으로 구성한후

RAID 1로 미러링 (Mirroring)

③ 사용용량 : Storage 절반

3	RAID 0, 1, 5, 1+0 의 비교			

구분	RAID 0	RAID 1	RAID 5	RAID 1+0
최소Disk	2	2	3	4
장점	초고속 Disk I/O 전송 (Striping)	100%Data 중복 Disk Fail 大 데이터 안정 성 보장	사용용량 大 Read/Write 성능↑ -내결함성(O)	RAID 1의 내 결함성 + RAID 0의 Read 성능 결합
내결함성	없음. parity 미보유, 고장시 모두 손실	우수, Data 절반 으로 항상 복구 가능성↑	우수, parity 정보 활용, 내결함성↑	우수, 디스크 Mirroring 가능경우↑

		500GB HDD 4개	2,000GB	1,000GB	1,500GB	1,000GB
		요구성가능용량	활용도 최고	활용도 최저	-	-

4. RAID 0, 1, 5, 1+0의 활용

구분	RAID 0	RAID 1	RAID 5	RAID 1+0
활용분야 선택 기준	-안정성 최악 -성능 최고 -별도백업필요 -Data손실고려 -HotSpare불가	-안정성 최고 -저장공간 최소 -장애시 Fast 복구 -Hot Spare 가능	-고성능 제공 -적정 수준의 -신뢰도 제공 -Hot Spare 가능	-저장공간 최소 -구축비용 고가 -Hot Spare 가능 -
활용분야	-Disk I/O 최재 성능 열요한 Desktop등 -	-소규모 System 에 적합 -매우 높은 가용성 -금융기관 -예약System등	-빠른 I/O 처리속도요구 -빈번한 I/O 발생 System -가장많이 사용 (90%)	-비지오 편집등 고성능 응용 Program에 활용 -신뢰성/성능 요구하는 통신 등

"끝"

문 84)	VTL (Virtual Tape Library)
답)	
1.	가상 테이프 라이브러리 (VTL)의 개요
가.	Backup/Recovery 안정성확보, VTL의 정의
	- Disk를 Tape처럼 사용할수 있도록 Disk를 Library로
	Emulation한 Solution으로 Backup/Recovery의
	성능 & 안정성향상위한 Backup장치 Solution
나.	확장성, 고가용성 가능, VTL의 등장배경
	- 기존 Tape 백업장치의 제한된 성능, 확장성, 복구시간문제점
	- Tape Backup 장치의 대안인 Disk Backup 장치(D2D)
	의 확장성 & 고가용성 Disk 사용으로 인한 고비용 대비
	제한적인 성능 문제 해결
2.	Virtual Tape Library의 구성, 특징, VTL의 유형
가.	Virtual Tape Library의 구성

1차 Backup은 VTL, 2차 백업은 Tap Lib에

4. VTL의 특징

구분	특징
Data 저장의 효율 측면	Data 중복 제거 (Data-Duplication) 용량을 효율적으로 최적화하여 사용
기존 System 과 호환성 측면	VTL을 통해 ILM 전략을 구현하여 기존 Tape 장비와의 호환성을 그대로 유지, 기존 Backup 환경 변경 불필요
Data 안정성 & 성능 측면	Disk 기반의 RAID 구성으로 Media 안정성 보장 & 자동 Disk 조각 모음을 통한 Access 성능 향상 가능
구축 & 운영 측면	VTL을 가상의 Backup tape로 인식하므로 추가 Backup S/W 라이선스 불필요, 비용절감 기존 Tap 장치 그대로 사용, 기존 운영환경 유지

다. Virtual Tape Library의 유형

일체형 VTL (Turn Key Solution)	Backup 위해 최적화된 Disk에 VTL 기능이 포함된 H/W 형태로 컨트롤러를 내장해 사용, 분리형 VTL 대비 Data 처리 속도가 빠름
분리형 VTL (VTL S/W & Storage)	기존 Storage에 VTL S/W를 설치하는 형태로 일체형에 비해 Backup 증가 요구사항에도 즉각적 대응 가능, 관리 비용 절감, 가용성 향상

3. VTL과 D2D의 비교

구분	D2D	분리형 VTL	일체형 VTL
기반	H/W + S/W	S/W	H/W
성능	40~50 MB/sec (디스크성능 따라)	H/W 요소에 따라 달라짐	150MB/sec 이상
백업정책	New B/U 정책	기존 Tape B/up	기존 Tape B/up
운영S/W	전용 S/W 필요	VTL용 S/W 추가구매	기존 B/U S/W 사용
저장방식	File 방식	Stream 방식	Stream 방식
보안	취약	VTL서버취약, Data는 안전	안전
확장 & 공유	확장성 미흡 한계적 공유	VTL S/W 설치된 OS의 file System에 의해 제한적	자유로운 용량확장 & 공유 가능
관리	SAN 스토리지와 같은 관리 필요	VTL S/W와 Disk H/W를 각각 관리	관리 쉬움
조각모음	수동	수동	일반적으로 수동
설치구성 & 기술지원	수시간~수일 (백업 S/W와 Storage 기술지원)	VTL S/W와 Disk H/W 각각 별도 지원	수 분이내

4. VTL의 장점과 발전방향

Backup System 구성 장점	- VTL 통해 ILM 전략구현, 기존 장비와 호환성 유지
	- 기존 Backup 환경 변경 불필요
	- Backup Server의 N/W 부하 감소
	- Disk 기반의 RAID 구성으로 미디어 안전성 보장

		비용 측면의 장점	-VTL을 가상 Backup Tape 인식, License 불필요 -연속 병렬 Backup 가능으로 디스크 조각 상비 방지 -고속 Backup/복구 속도 보장 → 업무 효율성 증대 -VTL 사용한 서버간 Backup 장치 공유 가능
		VTL의 발전전망	-Hardware 기반 압축 기술의 사용으로 성능 향상 -2차 Disk 기반 Backup solution과의 병행 구성 -백업 장치 가상화를 통한 Storage 효율적 구성 -ILM 전략의 핵심 구성 요소로 각광

"끝"

문 85) VTL(Virtual Tape Library) 유형 & 활용효과

답)

1. Backup 장치 솔루션, VTL의 정의
- 디스크 Tape 처럼 사용할수 있도록 Disk를 Tape 라이브러리로 Emulation 한 Solution으로 Backup/복구의 성능및 안정성의 향상을 목적으로 한 Backup 장치 솔루션

2. Virtual Tape Library의 유형

구분	일체형 VTL	분리형 VTL
형태	VTL 디스크와 VTL엔진이 최적화된 완제품 형태	기존 백업 스토리지에 외부 VTL S/W 엔진을 탑재
장점	-최적화된 컨트롤러 내장, 성능↑ -설치와 안정화 기간 짧음 -문제 발생시 신속 개선가능	-백업증가 요구사항 즉각 대응가능 -관리 비용절감, 높은 가용성 -기존 스토리지 활용, 비용저렴
단점	-분리형 대비 고가 -수요처가 Disk를 선택할수 없어 기존 스토리지 활용에 제약	-OEM 방식 통해 제공 -문제 발생시 어느 구성요소 에서 발생했는지 분쟁 가능
기반	Hardware	Software

3. VTL 활용 효과

측면	활용 효과
Backup System	-VTL을 통해 ILM 전략구현, 기존장비와 호환유지 -기존 Backup 환경 변경할 필요 없음
구성	-Backup 대상 서버들간 N/W 부하 감소

			-Disk 기반의 RAID 구성으로 미디어 안정성 보장
			-자동 Disk 조각모음을 통한 Access 성능 향상
		비용 (TOC)	-VTL을 가상의 Backup Tape로 인식하므로 추가 Backup Software 라이선스 필요없음
			-고속의 Backup & 복구속도 보장으로 업무 효율성 증대
			- 여러 Server의 Backup 장치 공유가 어려우나 VTL을 사용한 서버간 Backup 장치 공유 가능

"끝"

문 86) open stack swift (오픈 스택 스위프트)

답)

[정의

1. 분산형 object 스토리지 서비스. open stack swift

   - Swift- proxy, account, Container, object로 구성되며 REST 기반의 API로 제이서 제어하는 openstack의 스토리지 Core project

2. Swift 구성도및 구성요소

   가. Swift 구성도

   openstack object store

   - proxy 서버, Ring, memcache로 구성되며   To로 구성 데이터 관리를 유지 Account, Container, object zone

   4. Swift 구성요소의 설명

구분	구성요소	설 명
요청 처리	Swift- proxy	Swift 입력되는 요청을 Ring을 참고 적합한 Server에 처리를 분산

			Ring	-데이터의 논리/물리위치간 Mapping 제공
				-Device목록, Partition목록등으로 구성
			Swift API	REST API로서 keystone Auth를
				사용해 Token을 취득→swift proxy 전달
			memcached	Cache 메모리 이용 Session 저장
		데이터 관리	Account	-계정 정보 & 계정 Container 관리 미문구성
				-별도의 Account DB를 가지고 있음
			Container	-사용자 계정 컨테이너 관리위한 미문구성
				-별도의 Container DB를 가지고 있음
			Object	실제 Data저장 object server
		-그외 복제 & 복구 담당 Replicator, object update를		
		담당하는 Updator, object/Container/Account의		
		무결성을 검사하는 Auditor 등의 미문을 활용		
3		Swift 활용시 기대효과 & 고려사항		
		구분	항 목	설 명
			비정형/대용량	HTTP RESTful API를통해 저비용으로
			파일 저장에용이	대용량 비정형 Data Easy 관리 가능
		기대 효과		-스토리지 일부 정지해도 안정 서비스
			Replication &	-Downtime 없이 확장 가능
			확장성	(proxy 추가:요청 처리량 확장,
			(Scale-out)	Node 추가: 데이터 저장용량 확장)
			높은 가용성	Shared Nothing 구조로 단일 장애점

		고려 사항		(SPOF, Single Point of failure)이 없음
			변경이 빈번한 경우 부적합	변경 자주 발생 경우 Block 스토리지, File 스토리지에 비해 성능이 떨어짐 (비정형/대용량 Data 관리에 적합)
			Swift 독립사용 시 API 구성필요	Open stack 없이 Swift만 사용시 별도의 UI를 구성해야 함

"끝"

PART
6

클라우드 보안(Security)

Cloud Computing 보안, SEcaaS(SEcurity as a Service), 멀티테넌시(Multi-Tenancy)
보안, 클라우드 서비스 보안 인증(CSAP), ISO/IEC 27017/27018, CASB(Cloud
Access Security Broker), Cloud Forensic(포렌식), 가상화 침입 대응 기술,
BYOD(Bring Your Own Device) 보안위협과 해결방안 등 클라우드 보안 분야의
지식을 학습할 수 있습니다.   [관련 토픽 – 10개]

문 87) Cloud Computing 보안

답)

1. Cloud 환경에서의 정보보호, cloud Computing 보안

가. **필요성** - 외부 Computing 자원에 기업 & 개인의 민감한 Data의 Cloud 집중화, 위험 증가에 따른 보안 필요성 대두

나. 사용자 & 공급자 측면에서의 Cloud Computing 보안이슈

사용자		공급자
-개인 정보 노출	Cloud Computing 보안이슈	-서비스 중단
-개인에 대한 감시		-고객정보 유출
-Data의 상업 목적의 가공		-기업 정보 훼손
		-법/규제 준수

- Cloud Computing은 IT 자원을 소유하지 않고 일부 & 모두를 아웃소싱하는 형태로 개인 & 기업 보안 과제 최우선

2. 서비스 구성도 & 서비스 Model 별 보안위협

가. Cloud Computing Service 구성도

Cloud 컴퓨팅 서비스형태	Public Cloud Hybrid cloud Community Cloud Private cloud
Cloud 컴퓨팅 서비스 모델	SaaS PaaS IaaS XaaS (Everything as a Service)

- Cloud Computing service 모델에 따라 다양한
  보안위협(Security Threat) 존재

4. Cloud Computing 서비스 모델별 보안위협

SaaS	PaaS	IaaS
- 정보 훼손 & 유출	- Buffer Overflow	- 가상화 취약점
- Web 공격	- 표준화 부재	- 서버 관리문제
- Ver. 통제 문제	- 인증문제, 플랫폼종속	- Data 손실 문제

3. 클라우드 컴퓨팅의 보안 요구사항 & 기술적 방안

가. 보안(Security) 요구사항

구분	보안 요구 사항
기밀성, Data 암호화	- 사용자 개인 정보 & Data 기밀성 보장 - 특성고려 적절한 암호화 기법 적용
인증, 접근제어	- 다수 Data & 사용자 존재 인증 체계 구축 - 데이터 & 사용자의 접근제어, 권한관리 필요
무결성	- Data 무단 변조 여부 상시 점검 - Data 정확성 확인, 무결성 보장
가용성, 복구	- 많은 물리적 Infra 구성고려 가용성 확보 - 사고 대응 Backup 및 복구(Recovery) 기법 필요
가상화 보호	가상머신 별 자원 사용량 제한, 하이퍼바이저 의 보안위협, 자원관리 & 지속적 취약점 관리
N/W & 보안	개방적인 N/W 특성과 Protocol & 정보 System

			의 취약점등 불법 침입에 대한 노출 가능 방지	
4		Cloud Computing 보안의 기술적/관리적 방안		
		구분	보안요소	세부 기술
		기술적	인증&인가	-ID/Password, SSO, I-pin
				- Multi-Factor 인증, FIDO, Biometric
			접근제어 (Access Control)	-MAC : Mandatory 접근제어
				-DAC : Discretionary Access 제어
				-RBAC : Role-Based Access 제어
			암호	-DES, 3DES, AES 등
				-PKI, Hash, SHA, 디지털서명, 익명처리등
			N/W 보안 (Security)	-Firewall / IDS/IPS
				-DDoS 방어 System
				-SSL/TLS, HTTPs
		관리적	정보보호 정책 준수&책임 이행	-최고 경영진의 참여와 지원
				-보안 정책 수립&준수, BCP/DR 수립
				-보안의식 교육
			보안 전문가에 의해 운영	-조직의 R&R 수행
				-정보보안 운영위원회 (IS 보안 Committee)
			감사(Audit) 수행 (로깅, Monitoring, 감사)	-저장 자료의 임의 복제 방지 기능
				-지정 Data 무결성/기밀성 보호
				-책임추적성 지원, FDS (이상거래 탐지)
				-System Log 접근 권한 제한

			대응체계	-사고처리 대응훈련 실시, 보안 Test
			수립 요의	-주기적인 위험평가실시
			훈련	-침해사고 접수, 처리업무 지원

4. Cloud Computing 보안의 물리적방안

보안요소	세부기술
출입통제 System	-외부인 출입통제, CCTV -Smart Key, 이중출입문 등
System 도난, 비인가 반출대응	-저장매체 이용 정보유출 반출/입 통제 -Data 반출 통제 / 보안 경비원 등
재난, 재해, 업무 연속성 제공	-무정전 전원 장치 (UPS), 재난 경보 System -전산설의 전략적인 위치 선정 -대체 & 중복 N/W, Backup System 구축

-Cloud 서비스 제공 업체와의 Service 사용 계약 체결시

보안 문제에 대한 책임 명확화, SLA에 명시필요

"끝"

문 88)	SecaaS (Security as a Service)	
답)		
1.	Cloud 기반 보안 서비스, SecaaS의 개요	
가.	SecaaS (Security as a service)의 정의	
	-Cloud 서비스의 다양한 보안위협을 해결하기 위해 Cloud Computing 기술을 기반으로 Internet을 통해 보안 서비스를 제공하는 Service	
나.	Security as a Service 의 등장배경	
	경제적 측면	고가의 보안장비 대신 사용한만큼 (pay-per-use) 만 비용을 지불, 비용이 저렴
	기술적 측면	-보안 Solution을 설치할 필요 없음 -보안 취약점에 대한 지속적 patching 가능
	관리적 측면	-보안 업무 간소화 (보안 인력 배치 간소화) -각종 통계를 GUI 통해 조회 가능
2.	SecaaS 구성도 & 구현요구기능 (Service 영역)	
가.	Security as a Service 구성도	

서비스이용전

Hackers

-웹페이지 위/변조, 개인정보유출
-SQL Injection
-DDos 공격등

↑서비스이용후

Cloud
웹 방화벽

기업정보,
개인정보,
.....

Client Device

Cloud
웹 방화벽
DNS

고객 Web서버

4. SecaaS 구현 요구기능 (Service 영역)

구분	내용
Network 보안	N/W 접근 할당, 분배, Monitoring 기능 포함, N/W 서비스를 보호하는 보안 서비스로 구성
취약점 검사	Infra나 System에 재해 공용 Network를 통해 보안 취약점을 검사
Web 보안기술	서비스 제공자의 Web Traffic 통해 해당 서비스의 실시간 (Real-time) 보호 기술 필요
이메일 서비스보안	In/outbound 메일 보안, 격심, 악의적 접근, Spam으로부터 조직보호, Biz 연속성 제공
계정별/ 접근관리	접근&관리 제어 영역, 인증, 신원보증, 정보접근, 권한있는 사용자 관리 포함
암호화	해독할 수 없도록 Data를 암호와 숫자를 사용하여 암호문으로 변환 관리하는 기술
침입관리	통계적으로 비정상적인 Event 감지& 침입시도 검출& 예방, 사건 관리에 대한 사용 과정
DLP, 제이터 손실방지	Data에 대한 사용과 행위에 있어서 Monitoring, 보호 & 보안에 대한 검증 제공
SIEM	보안정보 & Event 관리, Log등 실시간 분석
BCDR	사업 업무 연속성과 재난복구, 운영 탄력성
계속적감	지속적 위험 관리 기능 수행
보안 검증	산업 표준 기반한 Cloud 서비스를 제3자가 보증

3.		Secaas 장단점과 고려사항	
	장점	초기 보안 Solution 구입/설치비 절감, 보안 Solution 관리 부담 감소, 'Pay as you go' 정보보호예산 절감 보안기능선택 사용, 변경가능, Biz 환경 유연한 대처	
	단점	Hypervisor 적용 불가능 보안 Solution 고객기관별/ 사용자 역할별 접근 통제 어려움(물리적 IP/port 접근 수준), 단일 물리서버에 다수 가상서버간 내부해킹 우려 등	
	고려 사항	Biz 환경 변화	단일 보안솔루션 外, Secaas 직접 활용
		기업 법률 규제	개인정보 암호화를 Secaas 활용
		Secaas 서비스 선택	고객요구, 기술수준에 보안인력 등 서비스 선택

"끝"

문 89)	Cloud Computing의 멀티 테넌시(Multi-Tenancy) 보안에 대하여 설명하시오

답)

1. Cloud Computing에서의 Multi-Tenancy 개요

가.

정의	S/W & H/W등 자원을 여러 사용자가 공유하며 사용자 환경에 맞게 할당해주는 환경과 이용자들

~ 규모의경제, IT투자비용최소화, 유지비용 절감 ← 효과

나. **Cloud Computing의 주요 보안 위협**

의존성	보안수준 & 데이터/서비스에 대한 서비스 제공자 의존
공유	CPU, 스토리지, 메모리등 자원을 멀티 테넌시 공유
정보보호	삭제, 악의적유출, 오류등을 통한 외부 노출 가능

2. Multi-Tenancy 보안 위협 & 보안성 제고 방안

가. **Cloud Computing에서의 Multi-Tenancy 보안 위협**

장애	공유 Infra 오류시 다수서비스/고객에게 동시에 서비스영향미침
기능오류	비정상적동작 오류인지 못함. 다른 고객 정보노출
변조	주요 데이터 변경 발생

나. **Multi-Tenancy 보안성 제고 방안**

Client	인증/식별강화	주요정보 Masking, 본인 확인 인증
통신구간	암호화 통신	Ipsec/SSL, 테넌트별 VLAN구성
platform	가상화보안	Host 보안강화, 무결성 Check 등

		서버	인증/식별강화	IAM/ACL차등적용, Secure OS등
		DB	접근제어	Tenant간 Table/카탈로그등 분리
		가용성	F/W, Anti-ddos	서비스 가용성 보장
		관리체계	SLA	로깅, 감사, 정책, 교육 등 & BCP/DR수립

3 보안강화시 고려사항

- Migration/Backup위한 정보 보관등 2차 보안고려
- 보안성과 효율성간의 의사결정위한 보안 거버넌스 필요
- 사용자 관점에서 특정 벤더 의존 회피, SLA 수립시 신중필요

"끝"

문 90) 클라우드 서비스 보안인증 (CSAP)

답)

1. Cloud Security Assurance Program의 개념,필요성

   가. CSP의 정보보호 준수여부 평가/인증제도 CSAP의 개념
   - Cloud Computing Service 사용자의 정보보호를 위해 Cloud Computing Service 사업자 (CSP)가 제공하는 Service에 대해 정보보호 기준의 준수여부를 평가/인증제도

   나. 사용자 정보보호, CSAP의 필요성

안정성	공공기관에 안전하고 신뢰성이 검증된 민간
신뢰성	Cloud Service 공급.
보안우려해소	Cloud 서비스 이용자의 보안 (Security) 우려
경쟁력확보	해소 & Cloud Service 경쟁력 확보

   - 한국 인터넷진흥원 (KISA)에서 평가/인증 시행

2. Cloud Service 보안 인증 대상 & 기준

   가. Cloud Service 보안 인증 대상

대상	보안 인증 대상 서비스
IaaS분야	Computing 자원(CPU, GPU 등) 스토리지 등 정보시스템의 Infra 제공 서비스
SaaS분야 (표준/간편)	**표준등급** 전자결재, 인사& 회계관리, 보안 서비스등 중요 데이터가 포함된 서비스 **간편등급** 표준 등급의 중요 Data 미포함 서비스

		SaaS분야	인프라(IaaS)와 각종 응용프로그램(S/W) 제공 서비스
		DaaS분야	가상 PC인프라 (Network, 보안장비, Hyper-visor 등) 제공 service

- 단일 기관만을 위해 구축되는 사설 클라우드 (private cloud)환경의 IaaS/SaaS/DaaS, 단순 설치형 Software 형태의 SaaS 등은 보안 인증 불필요

4. Cloud Service 보안인증 기준 (통제분야/항목)

항목	통제 분야	통제 항목
1	정보보호 정책&조직	정보보호정책 & 정보보호 조직
2	인적보안	내/외부인력보안, 정보보호교육
3	자산관리	자산식별&분류/자산변경/위험관리
4	서비스공급망 관리	공급망관리 정책 / 변경관리
5	침해사고 관리	침해사고 절차& 체계 침해사고 대응& 사후관리
6	서비스연속성 관리	장애 대응, 서비스 가용성
7	준거성	법&정책준수, 보안 감사
8	물리적 보안	물리적 보호구역, 정보처리시설&장비
9	가상화 보안	가상화 Infra, 가상환경
10	접근통제	접근통제 정책, 권한관리, 식별&인증
11	Network 보안	Network 보안
12	Data보호& 암호화	Data보호, 매체보안, 암호화

			13	System 개발 & 도입 보안	-System 분석 & 설계, 구현 & 시험 -외주 개발보안, System 도입 보안
			14	추가 보안 요구사항	-공공기관 추가 보안 요구사항

- Cloud service 는 구축형태, Service 유형이 다양하므로
준비단계 (사전컨설팅)를 통해 최종평가 범위 결정

3 Cloud Service 보안 인증절차

단계	신청기관	평가기관
준비	시스템 & 서비스 구축 ↓ 사전 컨설팅 ↓ 평가·인증신청 ──→	신청 접수 평가·인증 계약 체결 (행정처리)
평가	보안조치 & 결과 제출 ◄──	서면/현장평가, 취약점점검 및의 침투테스트 부적합사항 & 취약점 보안조치 요청 ──→ 보안조치 확인(이행점검)
인증	인증서 취득 ◄──	인증위원회 개최 ──── 인증서 발급

- 신청부터 인증서 발급까지 총 2~5개월 정도 소요

4 평가·인증의 종류

가. IaaS / SaaS 표준등급 / DaaS

최초평가 → (1년) → 사후평가(총 4회수행) → (1년) → 갱신평가

매년 1회 이상 수행

- IaaS / DaaS 분야의 인증의 유효기간은 5년으로 운영

4. SaaS 간편등급

최초평가 → (1년) → 사후평가(총 2회 수행) → (1년) → 갱신평가

매년 1회 이상 수행

- SaaS 분야 인증은 표준등급은 유효기간 5년, 간편등급은 유효기간을 3년으로 운영.

- 효율적인 운영을 위해 유효기간은 유연하게 적용할 수 있음

"끝"

문 91) ISO/IEC 27017

답)

┌ 개요

1. Cloud Service 보안 통제 가이드라인, ISO27017

| 개념 | Cloud 서비스의 보안성 확보를 위한 ISO 27002 기반의 Cloud서비스 정보보안 통제 가이드라인 제공 표준 |

| 특징 | ① 보안지침 제공 : 37개 컨트롤의 보안지침 |
② R&R 명확화 : CSP와 Cloud Service 고객의 책임 & 역할

2. ISO/IEC 27017의 표준 구성 및 통제항목

| 표준구성 |

ISO 27001 / ISO 27002 · ISO 27017 · ISO 29100 → ISO 27017 → Cloud 서비스 정보보안 통제 가이드라인

| 통제항목 | ─ 14개 통제 항목 |

No	통제 항목	내용
1	정보보호정책	정보 & 기타 자산에 대한 보안위험 수준 & 일치
2	정보보호조직	내부조직 R&R, 모바일 장치와 원격 접근정책
3	인적보안	표준 & 절차, 보안위험관리, 법적규제교육
4	자산관리	책임, 정보분리, Media 제어
5	접근통제	접근관리, 사용자통제, S/W접근통제
6	암호화	공급자 암호기능사용 정책, Key 관리
7	물리적보안	시설 보안정책 Cable, System 등 장비
8	서비스운영보안	문서운영 절차, 변경관리, Log 모니터링

		9	통신보안	N/W 보안관리, ACL, 정보전송정책
		10	System 개발&유지	보안요구사항 적용, 개발지원 절차 등
		11	공급업체 관리	공급업체 정보보호, 공급자 신원확인
		12	보안사고관리	보안사고 책임&절차, Event보고, 조련식
		13	BCM 정보보호	ISO 22301 기반 정보보호 지속성 확보
		14	법률&규정	법률준수, 라이선스 규정 준수 & 문서화

- ISO/IEC 27001 표준의 경우 특정 정보보안 통제를 요구하지는 않지만 ISO/IEC 27017 표준은 통제 프레임 워크 & checklist 제공

"끝"

문 92)	ISO/IEC 27018

답)

1. 사용자 개인 식별 정보(PII) 처리, ISO 27018 개요

개념 - Cloud 서비스 사용자 개인 식별 정보(PII)의
안전한 처리 위한 통제와 관련된 가이드라인 제공 국제표준

특징 ① 개인정보보호 : 개인 식별 정보 (PII) 보호
② Compliance 준수 : 국가간 상이한 법률에 일관 대응

2. ISO/IEC 27018의 표준구성 & 통제항목

표준구성

통제항목 - 11개 통제항목

No	통제 항목	내용
1	동의와 통제	데이터 Access, 수정 준수 위한 도구제공
2	합법성 & 사용목적	고유목적외 고객 Data 사용금지, 고객의 명시 동의 필요
3	수집 제한	개인정보 수집 목적 명확화
4	Data 최소화	지정된 기간내 파기 & 삭제 점검
5	사용 & 공개 제한	법적 의무시 사전 고객에 내용고지
6	정확성 & 품질	개인 정보 수집 & 통제 정확성, 품질확보
7	개방/투명성	업체신원 & PII 처리위치 공개

			8	개인참여&접근	개인 자신의 Data 접근권한서 제공
			9	책임	PII 무관 Acess, 손실초래시 즉시고지
			10	정보보호	기밀유지의무, 암호화 포함 접근제한
			11	개인정보 보호규정	PII의 반품, 양도&정책 정보 제공

- PII: Personally Identification Information
- Cloud Service 공급자 (CSP)의 ISO/IEC 27017, 27018 표준 준수로 국내 ISMS-P 인증에 적용

"끝"

문 93)	CASB (Cloud Access Security Broker)		
답)			
1.	Cloud 접속 Security Broker, CASB의 개요		
가.	Cloud Access 시 보안기능 수행, CASB 정의		
	Cloud 가시성, 준수, 위협방지, Data 보안기반 접근		
	통제 감사 (Audit) 등의 보안기능 수행 Service		
나.	Cloud 활성화, CASB의 등장배경		
	Cloud 큰폭 활성화 부족	Cloud 보안 Issue로 큰폭증가 못함	
	Cloud 보안기술 활성화	다양한 보안기술 보완 (CASB)	
2.	Cloud Access Security Broker 기능 & 유형		
가.	CASB의 보안기능		

보안기능	설명
검색 & 위험평가	Cloud 서비스 검색, 각 Cloud 서비스위험 평가
암호화	기업 제어 암호화 키 이용, Data 암호화
접근통제	Cloud Service 접근통제, 사용자 접근통제
Data 손실 방지	DLP, 내부 정보유출 방지, cloud DLP 적용
로깅 & 감사	Cloud 작업 로깅/감사, 정책 준수 여부
이상탐지	보안 위반 탐지, 이용자 경고 등

나. CASB의 유형

구분	유형	설명
사용자 측면	Agent형	사용자 단말내 S/W 기반 접근통제
	private형	사용자 조직 내 H/W 기반통제 DLP

| | | Platform 측면 | Public형 | Cloud platform내 H/W 기반통제 |
| | | | API형 | Cloud platform내 API 기반통제 |

3. CASB 사용시 고려항목

- 보안정책 변경시 정책 동기화, 기관내 일치성 보장
- 중복된 보안기능 수행 최소화, Cloud 경험사례 적용
- CASB간 효율적이고 안전한 보안 통신 수행필요.

"끝"

문 94) Cloud Forensic (포렌식)

답)

1. Cloud 환경에서의 Forensic, Cloud 포렌식의 배경

공공 Cloud의 Forensic 이슈		클라우드 전문 도구개발
- 다양한 컴퓨팅 환경	Computing 환경고려	- 국가간 국제공조 체계구축
- 사법 관할의 증거존재	한 포렌식 필요	- 법/제도 정비
- 기존 Digital Forensic 도구 한계		

- Cloud 환경은 Data Center가 지리적으로 분산되어 Data 확보가 어려워 기존 Digital Forensic 기술을 적용하기 어려우므로 별도의 Forensic 방법/절차가 중요(필요)

2. Cloud Forensic의 조사 활동과 프로세스 (process)

가. Cloud Forensic의 조사활동

조사	활동	세부 조사 활동
Login 정보	ID 존재	- 사법관할권 내 : 임의 제출 요청 - 사법관할권 외 : 국제 공조 요청
확인	ID/P/W 존재	임의 제출 요청
사용자 Data	사용자 Data 분석	- 가상머신 접근, Data수집, 스토리지 사용 - Web Brower 접속기록, log분석 - IP, Access Data/시간, Login 회수 등

			사용자 Data분석	Service 제공자 서버(Server)에 존재하는 사용자 Data분석
사용여부 분석		아키텍처 분석	-Cloud 서비스 Type (Saas, Iaas Paas등) 조사. - 절차상의, 용의자가 사용한 기기 Data 흔적분석	

4. Cloud Forensic의 조사 process

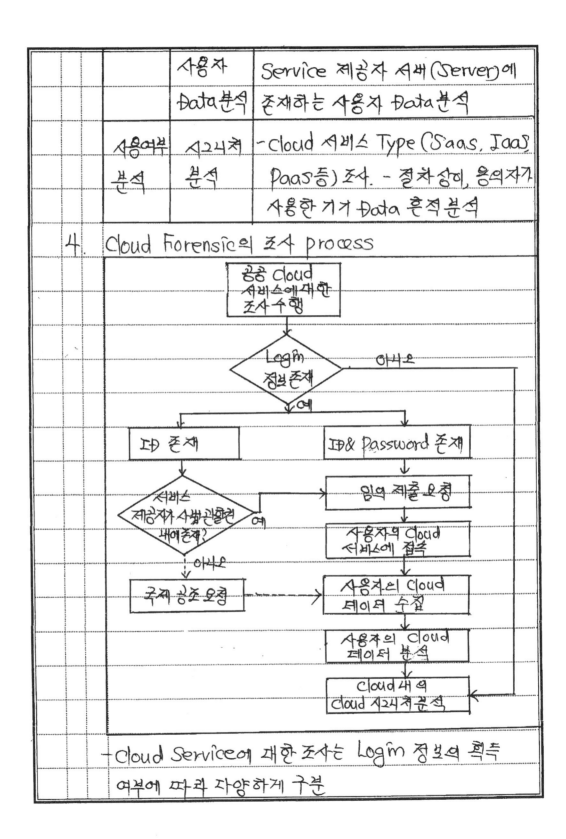

- Cloud Service에 대한 조사는 Login 정보의 획득
여부에 따라 다양하게 구분

3. Cloud Signature 탐지 도구 개념 & 기능

가. Cloud Signature 탐지 도구 개념

개념	해당 System에서 Cloud Computing 서비스를 사용했다는 증거가 되는 Signature(Data) 탐지도구
목적	Cloud Signature 탐지 도구는 cloud Computing Service의 사용여부를 판단하는 목적
적용 방법	각 Cloud Service에 필요한 Signature 탐지 위해 기존 Digital Forensic 방법 적용

나. Cloud Signature 탐지 도구 기능

Forensic	탐지 도구 기능	도구
파일시스템	삭제된 File 복구, 잔존 Data 추출	Encase
웹브라우저	접속 Site URL, 쿠키등 접속내역	Index. dat 분석기
레지스트리	윈도우에 설치 App 목록, 계정 정보	User Assit View REGA- Freeware
서비스로그	로그 Data & 레지스트리등 Event 정보	Process Explorer Visual Log Parser

- 사용자는 주로 웹 브라우저를 통해 Cloud Service를 이용하므로 Web Browser 사용 흔적을 중점적으로 분석

4. Cloud Forensic 활성화 방안

구분	방안	설명
기관 구조	전문인력	기술사, 감리사등 전문성과 윤리의식 이
	양성	검증된 전문 인력 대상 Forensic 교육
	민간기업	민간 업체의 경쟁력을 통해 유관 기관 과

			활성화	상호협력 Infra 구축 필요
		기술 개발	전문도구 개발	대학, 연구소, 협회등의 효과적인 Cloud Forensic 도구의 연구 개발 필요
			도구 PoC/pilot	신기술 Trend에 따른 Cloud Forensic 도구 개발, 검증위한 시험환경 구축
		법/ 제도	디지털증 거법 제정	Cloud 환경을 고려한 법/제도 정비가 필요하며 전자증거개시 제도와 연계 필수
			국조공조 체계	UN, 인터폴등 국제수사기관과 공조통해 국제적 범죄수사 공조 체계 구축

"끝"

문 95) Cloud 환경에서 기존 보안기술을 가상화 환경에 적용했을 때 한계점을 기술하고, 하이퍼바이저(Hypervisor) 기반의 가상화 침입 대응기술에 대하여 설명하시오

답)

1. 가상화 환경에서의 주요 보안 이슈

기존보안기술 탐지불가	다중 임대특성	복잡한 보안관리
├ 물리적 packet 만 분석	├ 가상머신간 상호연결	├ 동적 가상머신
├ 보안 사각지대 발생	├ 하이퍼바이저	생명주기 짧음
(Hypervisor 관리영역)	보안 취약	├ Live Migration

├ 기존의 보안대책으로는 가상화 환경에서 대응부족

2. 기존 보안 기술의 가상화 환경 적용시 한계점

가. Network 보안 기술의 한계점

원인 ├ 기존의 IPS/IDS & 방화벽과 같은 N/W 보안기술은
물리적인 N/W를 통과하는 packet을 대상으로 탐지를
수행하므로 가상화 System 외부와의 N/W Traffic 에

		대해서만 탐지/차단 가능, 보안 사각지대내의 I/O 되는 packet은 탐지 제한적		
		결과	가상화 서버내에 구축된 가상화 Network(vswitch : 가상스위치)는 기존 보안기술로는 보안 사각지대 발생	
		한계점	보안사각지대(Security Blind Zone)로 인해 기존 보안 장비로는 가상 N/W Traffic에 대해 침입탐지 제한적	
	4	Anti-virus의 한계점		

② Virus/Malware signature Update

Anti-virus
A/V
Storm

VM1   VM2   VM3

APP.   APP.   APP.   ①

③

Anti-virus에는 Blind Zone

Hypervisor

Hardware

		개념	각 VM에서 별도의 Agent로 동작하는 형태	
		원인	① 가상화 환경에서 기존의 Anti-virus 기술을 적용 하려면 각 가상머신(VM)에 Anti-virus Agent 설치	
			② 각 VM간 보안 수준을 동일하게 하기위해 각 가상머신 (Virtual Machine)의 시그니처(Signature) update 정책	
			③ Hypervisor의 Privilege(특권) Level 에서 VM 접근시 Access 권한 차이로 인한 접근 불가능 경우발생	

		결과	-동시에 공유 Disk에 있는 파일들을 Scan 하므로
			악성 Code 검사시 System 전체부하 (A/V Storm) 높일가능성
			-Hypervisor가 악성코드에 감염되어 통제권을 상실할가능
		한계점	-중복된 악성코드 Signature 관리의 비효율성
			-A/V Storm 유발, Hypervisor Rootkit 공격 탐지불가

3. Hypervisor 기반 가상화 침입 대응기술

가. 가상머신(VM) 내부 정보 분석 기반 침입 탐지(VMI)

- VMI = Virtual Machine Introspection (새성)

| 설명 | Hypervisor(하이러바이저)를 통하여 각 가상머신 (Virtual Machine)의 가상(Virtual) CPU 레지스터, 가상 메모리(Virtual Memory)의 내용, 파일 I/O 활동등의 내부 정보에 대한 접근 & 분석을 통하여 가상머신(Virtual Machine)들의 악성 행위를 Monitor & 탐지 |

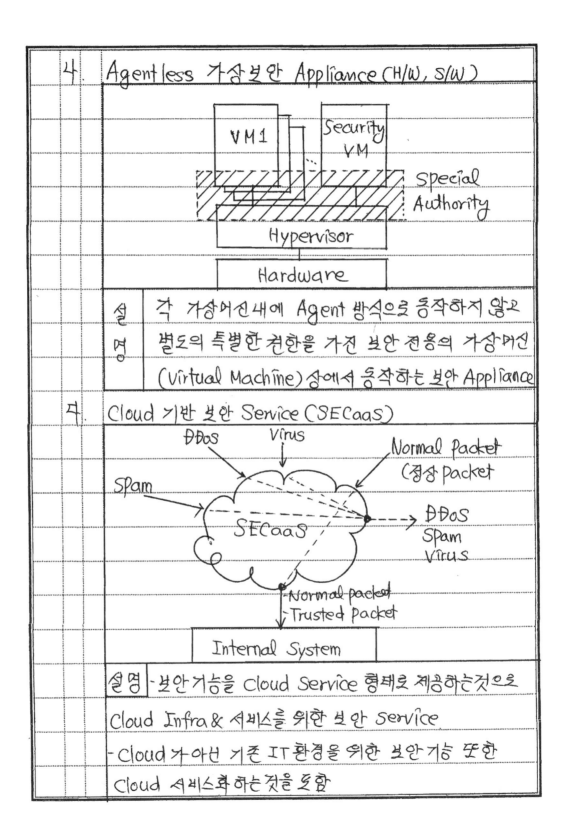

4. Agentless 가상보안 Appliance (H/W, S/W)

	설명	각 가상머신내에 Agent 방식으로 동작하지 않고
		별도의 특별한 권한을 가진 보안 전용의 가상머신
		(Virtual Machine) 상에서 동작하는 보안 Appliance

4. Cloud 기반 보안 Service (SECaaS)

설명	- 보안기능을 Cloud Service 형태로 제공하는것으로
	Cloud Infra & 서비스를 위한 보안 Service
	- Cloud 가아닌 기존 IT 환경을 위한 보안기능 또한
	Cloud 서비스화 하는것을 포함

- Cloud 보안기술은 SECaaS, 즉 Cloud 서비스로의 보안 Service 형태로 제공, N/W의 복잡성 줄이고 유연하고 동적인 제어가 가능한 SDN (S/W Defined Networking) 기술이 Cloud Center에 적용되고 있는 추세임

4. 기존 보안기술의의 가상화환경에서의 ~~적용~~ 보안 방안

항목	방안	상세 설명
보안 인증체계	Cloud 보안인증 체계, 보안 표준	- ITU-T 등 Cloud 보안인증 서비스 - 한국인터넷진흥원 (KISA) 인증서비스
보상 & 보험	보상제도 & 보험 가입	- Cloud SLA 통한 Service 레벨약정 - 보험통한 보상서비스 활용
지리적 분산	분산된 Data 센터로 안정성보장	- 지리적분산 - 화재/산전등 대응 - 철저한 보안관리 - 안정성보장

- 다중임재 특성과 복잡한 보안관리 측면도 대응 필요

"끝"

문 96)		BYOD (Bring Your Own Device) 보안위협과
		해결방안
답)		
1.		개인 보유 정보 자산, BYOD의 개요
	가.	BYOD(Bring Your Own Device)의 정의
		- 개인 소유의 Notebook이나 태블릿, Smartphone 등의
		단말기를 회사업무에 활용하는 것
	나.	BYOD의 보안위협 (개인 Device 업무활용 → 보안취약)

IT 통제분실 — 보안 적용적용 어려움 — 악성코드 감염 — 단말기 도난&분실 — 낮은 보안의식

통제력약화　다양한 OS사용　IT자산위협　데이터유출　계정유출

2.		일반적인 BYOD 보안위협 해결방안
		- Network 접근제어(NAC) & 모바일 기기관리(MDM)사용
	NAC	누가 무엇에 접근하고 어디서, 언제, 어떻게 N/W
		을 사용하는지, In/out 결정 가능 Monitor 가능
	MDM: (Mobile Mana Device gement)	탈옥한 기기 사용금지, 분실 & 도난 모바일 기기 의 원격 Data 삭제 실행 등 모바일 기기의 중요한 목록 관리 & Device 관리 기능 제공
		- 악성 코드에 감염된 개인용 Device의 내부 인트라넷
		접속으로 인한 보안위협 & 일관된 보안 정책 적용 등에
		대한 대처가 힘듬. → 모바일 가상화가 부상
3.		모바일 가상화를 통한 BYOD 보안위협의 해결

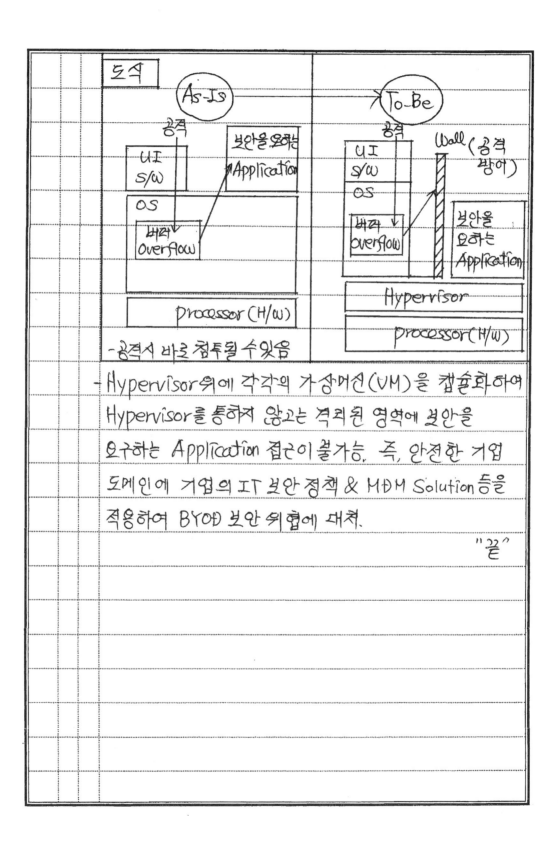

도식

As-Is → To-Be

As-Is:
공격 → UI S/W
보안을 요하는 Application
OS
버퍼 Overflow
Processor (H/W)
- 공격시 바로 침투될 수 있음

To-Be:
공격 → UI S/W OS
버퍼 Overflow
Wall (공격 방어)
보안을 요하는 Application
Hypervisor
Processor (H/W)

- Hypervisor 위에 각각의 가상머신(VM)을 캡슐화하여 Hypervisor를 통하지 않고는 격리된 영역에 보안을 요하는 Application 접근이 불가능. 즉, 안전한 기업 도메인에 기업의 IT 보안 정책 & MDM Solution 등을 적용하여 BYOD 보안 위협에 대처.

"끝"

PART 7

기반 기술

자주 출제되는 토픽들로 오토 스케일링(Auto Scaling), Auto Scale Up과 Auto Scale Out 아키텍처 비교, 클라우드 네이티브(Native), 클라우드 네이티브 어플리케이션, 쿠버네티스(Kubernetes), 하이퍼바이저(Hypervisor), 도커(Docker), 컨버지드 인프라(Converged Infrastructure), HCI(Hyper Converged Infrastructure), 디지털 트랜스포메이션(Digital Transformation), VDI(Virtual Desktop Infrastructure), Cloud 전환 시 선정기준과 고려사항/평가항목, 정보시스템 구조 진단 방안 등에 대해 쉽게 이해할 수 있도록 기술하였습니다.

[관련 토픽 – 20개]

문 97) 오토 스케일링(Auto Scaling)

답)

1. 동적(Dynamic) cloud 자원 활용, Auto Scaling 개요

   가. Server size 자동조절, 오토 스케일링의 정의

     - Cloud 유연성 확보 기술로 CPU, 메모리, Disk, N/W 트래픽

     과 같은 시스템 자원들의 메트릭(Metric)값을 모니터링하여

     Server size를 자동으로 조절하는 기술

   나. Auto Scaling의 필요성

자원 최적화	부하 변동시 자동으로 Resource 확장 & 축소
고 가용성	서버나 인프라 장애시에도 지속 서비스 보장
운영 단순화	자동으로 인스턴스관리, 비용/시간 절감

2. 오토 스케일링 동작 구성도와 동작 절차 설명

   가. Auto Scaling 동작 구성도

     - 6단계 동작(측정 Data통한 기준치, Alert, 이미지화, 인스턴스 등)

   나. Auto Scaling 동작 절차 설명

구분	동작절차	설명

		정책,	① Metrics	자원 사용 기준치, System 자원 정보수집
		모니터링	② Alert 전송	기준치 초과시 Alert 발송
		이미지	③ Scale out	스케일 정책(고정/비율/증분등), 서버조정
		배포	④ 프로비져닝	이미지 생성(대상서비스), Mount(Auto Scaling)
		리소스	⑤ Health Check	신규 생성된 서버 Service 동작상태 확인
		할당	⑥ 서버할당	로드밸런서와 신규생성된 서버 연결

- 변화하는 Workload의 요구사항에 즉각 대응가능, 효율적 운영

3. Auto Scale-up과 Scale-out

-Scale-up
CPU, Memory, Disk 수직
증설

-Scale-out
-Instance 수평 증설

- 빈번한 OLTP성 DB에서는 Scaleup이 주로 사용되고,
단순하고 다수의 병행적 처리가 필요한 Web server에서는
Scale-out이 주로 사용됨

"끝"

문 98) 최근 부하분산을 위하여 클라우드 서비스에서 Auto Scale 기능을 많이 사용한다. 다음을 설명하시오

가. Auto Scale Up과 Auto Scale out 아키텍쳐 비교

나. 스케줄 기반의 Auto Scale과 부하기반의 Auto Scale 기능 비교

답)

1. Cloud service의 Auto scale의 개요

| 정의 | -Cloud의 유연성을 확보하는 핵심기술, CPU, 메모리, 디스크, Network Traffic과 같은 System 자원들의 메트릭(Metric)값을 모니터링하여 서버 사이즈 자동 조절 |

| 도식 | -부하분산필요 -서비스 대량화 -성능요구 | → | Auto Scale -가용성 증가 -성능증가 | → | Auto Scale up -Auto scale Out |

-Auto Scale 통한 가용성과 성능확보

2. Auto scale up/out, 아키텍쳐 비교와 상세 비교

가. Auto Scale up의 개념과 도식

개념	도식
-Cloud의 주어진 서버(VM)에서 CPU, Memory, Disk등 자원증설 -VM의 수직 확장 개념, 복잡한 연산 많을 경우 사양증설을 의미	Server (VM) Small Instance ↓ Scale up (Auto) 서버 (VM, VM...) Large Instance

나. Auto scale out의 개념과 도식

개 념	도 식
-VM의 수평 확장 개념 VM 자체를 증설 -보통 분산처리, 병렬처리등	

다. Auto scale up/out 아키텍처의 상세 비교

구분	Auto scale up	Auto scale Out
비용	성능증가 대비 비용부담큼	상대적 저렴
용량	용량확장에 제약	용량 확장성이 큼
성능	Hardware 성능 높아지나 전체적인 성능향상 제한적	성능은 상대적으로 좋으나 별도 N/w 장비가 필요
복잡성	Simple한 구성	상대적으로 복잡
가용성	변화 없음 (거의)	Node가 추가될수록 높아짐

라. Scale up/down, Scale In/out 도식

- Cloud Computing은 필요에 따라 서비스의 확장/축소 가능

3. 스케줄기반의 Auto Scale과 부하기반의 Auto Scale 비교

가. 스케줄기반의 Auto Scale

| 개념 | Event 발생 일정을 미리 알고 있을 경우에 Auto Scale을 미리 예약해 두어 증/감설을 자동화 |

메커니즘

| 사례 | 특판, 예판, 세일기간중 특히 주말에는 부하가 몰릴 것으로 예측, Schedule 기반으로 VM 확장 |

나. 부하 기반의 Auto Scale

| 개념 | 미리 Schedule을 하지 않고 부하가 실시간으로 몰릴 경우에 동적으로 VM을 확장하는 Auto Scale |

메커니즘

| | | 사례 | Cloud 서버 Group을 모니터링하다가 자원사용 량이 일정수준을 넘으면 Auto Scale에 알림 통보 서버를 생성 & 반납하여 Scale-out & Scale-in 수행 |

4. Auto scale 서비스 적용 방안

- 사전검토 ⊕ 구축 ⊕ 운영 ▷ 부하분산, 성능, -비용절감

사전검토	구축	운영
- 적용대상검토	- 업무고려, 기술결정	- 성능
- 일정, 비용확인	- 자원확보, 조직구성	- 자원효율

"끝"

문 99) Cloud Native (클라우드 네이티브)

답)

1. Cloud와 Agility 기반 서비스, Cloud Native 개요

가. Micro Service 형태, Cloud native 정의

MSA, Container, DevOps, CI/CD 등을 도입,
Cloud의 이점을 최대한 활용 App 개발운영하는 방식

나. 고객환경 빠른 수용 가능, Cloud native 특징

오케스트 레이션	유연성 확장성	자동화 도구	비용 최적화	Time to Market
-MSA, -DevOps등	-외부환경 -기술	-자동도구 -복잡도개선	-Scale out -최적비용	-원하는시점 -Agile 개발환경

2. 민첩/회복/이동성 가능, Cloud native 구성 & 기술요소

가. Cloud native 구성도

클라우드 네이티브 (Cloud Native)

컨테이너	MSA 아키텍쳐	CI/CD	Agile	DevOps
인프라	구조	배포	방법	운영

나. Cloud native의 기술요소

구분	기술요소	상세설명
개발방법	Agile	Scrum, Sprint 기반의 반복/점증적
아키텍쳐	MSA	Micro Service 이용, 시스템 복잡도 개선
조직	DevOps	개발과 운영 동시수행, 일관성 유지
인프라	컨테이너	Cloud 환경기반 App, 배포, 유연성

			인프라	쿠버네티스	Container 된 APP. 자동화된 배포
			통합/배포	CI/CD	정기적 Build, Test, 병합, 자동배포

3. Cloud Native App.과 기존 App. 비교

항목	Cloud Native App.	기존 Application
OS	OS 추상화	OS 종속적
용량	Provisioning 이용 동적 할당	최적 용량 추정치 비교
작업방식	공동작업 (사람, process등)	Silo방식 (완성물 활용 장점)
Delivery	지속적 전달 (지속배포)	폭포수형 (주기적)
구조	Micro 아키텍쳐	Monolithic 구조 (종속구조)
확장성	자동화된 확장성	수동크기 조절

- 유연한 개발환경 & 개발자가 개발에만 집중하려는
Need가 커짐에 따라 Cloud Native Application
개발방법론의 필요성이 지속되고 있음

"끝"

문100)	Cloud Native Application - 1
답)	
1.	Cloud 환경 최적화 개발, Cloud Native App. 정의 & 특징
가.	Cloud Computing 장점 → App. 개발활용 Cloud Native.App정의
	Cloud 환경에 최적화되도록 MSA, DevOps, CI/CD,
	Container를 기반으로 설계/개발된 Application

MSA
- 최소단위, 스케일링 용이

DevOps
- 개발/운영협업, 개선속도↑

CI/CD
- 지속적인운영/개발

Containers
- 이식성/경량화/유연성 확보

개발 &
⟹
구현에
적용

Cloud Native
- 상호운용성
- 이식성
- 확장성, 협업
- 최소 오출화

	나.	Cloud Native Application 특징		
		측면	특징	설 명
			상호운용성	Cloud 환경 App.간 & Cloud 환경의 App. 과 사용자 Application간의 상호운용
		운영	이식성	이용자와 Cloud 서비스간 & Cloud 서비스 와 다른 Cloud 서비스간 App. 이식 능력
			확장성	- Cloud Resource의 확장 용이성 - 서비스의 분리(CMSA)로 기능 확장 용이

			협업	- DevOps 기반 부서/Team간 협업
				- CI/CD 지속적 배포 Pipeline 구성
		개발	Domain Driven 설계(DDD)	- 낮은 결합도, 높은 응집도
				- 유비쿼터스 언어(통일된 언어)로 소통
			최소모듈	최소 기능 구현 후 조합 → Service 구성

2. Cloud Native Application의 기술 Stack과 설명

　가. Cloud Native Application의 기술 Stack

App. 개발 & 실행	Application 정의 / 개발
	오케스트레이션 & 관리
	Runtime
환경구성	Provisioning
	Infra (Bare Metal / Cloud)

Cloud Native 기술 Stack

- CNCF (Cloud Native Computing Foundation, CNCF)
는 기술 Stack 간 호환성과 표준화를 위해 Cloud Native
참조 아키텍처 제시

　나. Cloud Native Application의 기술 Stack 설명

구분	기술 Stack	설 명
App. 개발 & 실행	Application 정의 & 개발	- 구현시 필요한 Metadata, 설정, 도구 등
		- 구축시 Backend 서비스
		- DB, Streaming, 메시저, CI/CD 등

		APP. 개발 & 실행	Orchestration & 관리	Container 배포, Logging, 모니터링 - Kubernetes, Docker, Swarm
			Runtime	Container 실행표준(OCI), 네트워킹 Cloud Native Storage/Network 등
		환경 구성	Provisioning	- 배포도구와 Provisioning - 자동화 & 설정, 보안 & Compliance
			Infra.	Public cloud 환경에서의 호환성유지

- CNCF에서 발표한 Cloud Native Landscape에 구성된 Open Source 기반, Application 개발 & 운영수행

3. Cloud Native App. 구축절차 & 고려사항

가. Cloud Native Application 구축절차

- Cloud Native Application은 요구사항을 분할하여 Micro service로 할당하는 것이 중요하며 개발 각 단계별 주요사항을 점검하는게 중요함

4. CNA (Cloud Native App.) 구축시 고려사항

- 개발(설계포함)/구현과 운영 단계로 구분

단계	고려사항	설 명
설계, 개발, 구현 단계	Application 설계	- 요구사항분석 (정의, 추적, 정확성)
		- Micro Service 전환설계, DDD
	API 구조 & 설계	- 내/외부 Resource에 대한 접근설계
		- API Gateway 설계 & 보안요구도출
		- RESTful API, XML, JSON등 고려
	개발, 단위/ 통합 Test 방안	- TDD - Test 주도개발
		- QA Group 중심 Test 집중
		- 서비스 품질보증 Test 수행
운영 단계	DevOps 운영 조직 & 관리	- 개발~운영 SDLC 자동화
		- Silo현상극복, DevOps운영관리
	운영, FeedBack Process설계	- Product Overhead 최소화
		- Feed back process (환류과정)개발

- Cloud 기반의 Infra에서의 상호운용성과 이식성을

　고려하여 설계 / 개발 / 구현 진행 필요

- 운영시 장애 대비한 선속한 대응 체제 구축 필요

4. 전통적 APP.과 CNA의 비교

항목	전통적 APP.	CNA
개념	전통적인 방법으로 자체 서버에서 구동/유지관리를 수행하는 Application	Cloud Native 아키텍쳐를 이용하여 설계/개발/ 구현된 Application

		서비스	단일서버에서 모든 서비스 제공	최소단위의 서비스별로 별도 서버 구성
		아키텍처	모놀리식 아키텍처	Micro Service 아키텍처
		개발 방법론	폭포수 방법론 등 전통적 방법	DDD (Domain Driven 개발) 등

- 서로 다른 개발환경과 생명주기를 가지고 있어, 각각 Service의 특징을 고려한 개발 & 유지관리 필요

"끝"

문 101) 클라우드 네이티브 어플리케이션 - 2
(Cloud Native Application)

답)

1. Cloud 환경 최적화 개발, CNA의 정의 & 특징

가. Cloud Native Application의 정의 & 도식

정의 ─ Cloud 환경에 최적화되도록 MSA, DevOps, CD, Container를 기반으로 설계/개발된 Application

MS
- Micro service
- 최소 단위 모듈화
- 스케줄링 용이성

DevOps
- 운영/개발 협업
- 서비스 개선속도 증가

CD
- Continuous Delivery
- CI/CD 적용
- 개발/운영속도 증가

Container
- 이식성 증가
- 경량화/유연성 확보

실계&개발시 반영 →

Cloud native
- 상호운용성
- 이식성
- 확장성
- 최소 모듈화

- Container, MSA, DevOps, CI/CD 등의 구성요소를 이용하여 Application 설계/개발

나. Cloud Native Application의 특징

구분	특징	설명
운영 측면	상호운용성	- Cloud 환경에서의 Application 간 & 클라우드(Cloud)환경의 Application 과 사용자 Application 간의 상호능력

		운영 측면	이식성	이용자와 Cloud 서비스간 & Cloud 서비스 간의 Application을 이관하는 능력
			확장성	-Cloud Resource의 확장용이성 -서비스의 분리(MSA)로 기능의 확장용이성
		개발 측면	협업	-DevOps기반 부서/팀간 협업 -CI/CD 지속적 배포, pipeline 구성
			도메인 Driven설계	-낮은 결합도, 높은 응집도 -유비쿼터스 언어(공통언어)로 소통
			최소 모듈화	요구사항별 최소의 기능을 구현, 조합(Combine)하여 서비스(Service) 구성

-서로 다른 Cloud platform 에서도 호환성을 유지할 수 있는 독립적 Application 구축

2. Cloud Native 기술 Stack & 구성 내용

가. Cloud Native 기술 Stack

개발 & 실행 ↑	Appl. 정의 / Development
	오케스트레이션 / 관리
	Runtime
환경 구성 ↓	Provisioning
	Infra (Bare 메탈/cloud)

Cloud Native 기술 Stack

-CNCF (Cloud Native Computing Foundation, CNCF)

는 기술스택 간 호환성과 표준화를 위해 참조 아키텍처 제시

-기술 stack은 Application을 보자 Fast 개발, Easy
관리 지원, Cloud 배포 시간 & 배포 주기를 단축목표

4. Cloud Native 기술 stack별 구성 내용

구분	기술 Stack	구성 내용
Application 개발 & 실행	Application 정의 / 개발	-Cloud Native Appl. 구현 시 필요한 Meta-data 설정, 도구, 컨테이너 이미지 관리도구 -CNA 구축 과정의 Backend 서비스 -DB, 스트림 & 메시지, CI/CD 등
	Orchestration & 관리	-Container 오케스트레이션 도구 활용한 컨테이너 배포, Logging & Monitoring -kubernetes, Docker, swarm
	Runtime	-컨테이너 실행 표준 (OCI), Storage 등 -Cloud Native Storage / Network
환경 구성	Provisioning	-컨테이너 환경고려 DevOps 배포도구 -자동 & 구성, Security & Compliance
	Infra (Bare Metal/Cloud)	Bare Metal, public cloud 환경에서의 호환성 유지

-CNCF에서 발표한 Cloud Native Landscape에 구성된
Open Source를 기반으로 Application 개발, 운영 수행

3. Cloud Native Application 구축 시 고려사항

가. Cloud Native Application 구축절차

| 개발절차 | 설계 — 구축 — Test — 운영 — Feedback |
| 고려사항 | ↓개발/설계단계 ↓운영단계 DDD설계, API구축, Test방안수립 / DevOps 운영조직 Feedback process |

요구사항을 분할하여 Microservice로 할당하는 것이 중요하며 각 단계마다 주요사항 고려가 필요

나. 구축시 고려사항

단계	고려사항	설명
설계/개발단계	API구조 &설계	-내부리소스&외부리소스 Access 방식설계 -API Gateway 설계 & 보안요구사항도출 -RESTful API, XML, JSON등 기술사항고려
	Appl. 설계	-요구사항분석 -MS전문설계(DDD, Domain Driven 개발)
	개발,단위/통합 Test 방안	-TDD - Test 주도 개발 -QA Group 중심 Test 집중 -서비스 품질 보증위한 Test 수행
운영관리	DevOps운영 조직 & 관리방안	-개발~운영 Appl. Lifecycle 자동화 -Silo 현상극복, Team별 협업 & DevOps 운영관리 조직구성
	운영관리, Feedback Process설계	-Production Overhead 최소화 & Feedback Process 개발 -MSA 최적화 Monitoring 시스템 구축

- Cloud 기반 Infra에서의 상호운용성과 이식성을
고려하여 설계/개발 진행필요

4. 전통적 Appl.과 Cloud Native Appl. 비교

비교항목	전통적 Appl.	Cloud Native Appl.
개념	전통적 방법, 자체 서버에서 구동/유지관리를 수행하는 Application	Cloud Native 아키텍처를 이용하여 설계/개발된 Application
서비스	단일서버에서 모든 서비스제공	최소단위 서비스별로 서버구성
아키텍처	모놀리식 아키텍처	마이크로서비스 아키텍처
개발방법론	폭포수 방법론 등	DDD 등

- DDD = Domain Driven Development
- 서로 다른 개발환경과 생명주기를 가지고 있어 각각 Service
의 특징을 고려한 개발 & 유지관리 필요

"끝"

문102)	마이크로서비스 아키텍쳐(MSA)	
답)		
1.	CI/CD·운영효율화, Micro Service 아키텍쳐 개요	

정의	특징
대규모 정보화 사업 운영 효율화를 위해 Micro Service 단위로분할, 배포, 운영하기 위한 서비스 구조	-API Gateway -polyglot 언어 -DB분리화(논리적)

- 모놀리식 구조에서 장애 영향 최소화 위해 필요

2. Micro Service Architecture 구조 & 기술요소

가. 마이크로서비스 아키텍쳐 구조

- Client에서 REST API Call → API Gateway에서 분기

나. 마이크로서비스(MSA) 아키텍쳐 기술요소

구분	기술요소	설명
아키 텍쳐	API	REST API Call, HTTP 통신
	Gateway	파이션, ployglot 언어 지원
	orchest- ration	Cloud Service 통합 Management pod, Container 관리

		조직 구조,	Conway's 법칙	Software 구조는 S/W를 개발 하는 조직구조와 등일한 법칙
		DB	DB 별도 분리	- 각 Service 별 DB 분리(논리적) - NoSQL, Redis(MMDB), RDBMS
		- MSA 환경에서의 서비스운영시 DB, 장애최소화 가능		
3.		MSA 환경에서의 장애 최소화 방안		
		Circuit Breaker	- 장애(fault) 발생시 open, close 동작 - 임계 실패율에 따른 장애 차단	
		SAGA 패턴	- Local DB내 Transaction 일관성 향상 - 장애 발생시 보상(Reward) 발생	
		- Cloud Native로 전환위해 MSA 필요		
				"끝"

문 103) 쿠버네티스(Kubernates)

답)

1. Container 관리 오케스트레이션, 쿠버네티스 정의

 - 가상화(Virtualization) 환경에서 Docker 기반의
   컨테이너에 대한 Orchestration, 모니저링 제공기술

2. Kubernates 구성도 & 구성요소

가. Kubernates 구성도(예시)

- Pod는 하나 이상의 Container 포함, 도커 통해 실행

나. 쿠버네티스의 구성요소

구분	구성요소	설명
Master Node	API Server	명령어 전달, REST 방식 송신
	스케줄러	쿠버네티스 자원 Node 할당
	ETCD	모든 Cluster 데이터 저장소

			kubu 컨트롤러	각 Node 배포 및 관리
			Cloud 컨트롤러	Cloud 제공자 Controller
		Worker Node	Pod	쿠버네티스 Container 관리 단위
			Kubulet	Master Node 명령수행
			Kube-proxy	Container 라우팅 수행
			컨테이너 런타임	도커, CRI, CRI-O 구현

- Container Application, 변화에 민첩하지 대응

- Kubernates는 API/명령어 등을 통해 상호작용 진행
- CRI : Container Runtime Interface

문 104)	하이퍼바이저 (Hypervisor) - 1
답)	

1. 효율적 서버 가상화 구현, Hypervisor의 개요

  가. 가상화의 핵심기술 하이퍼바이저의 정의

    하나의 Host 컴퓨터 상에서 동시에 다수의 운영체제(OS)를 구동시킬수 있는 H/W와 OS사이의 S/W 가상화 platform

  나. Hypervisor의 역할

역할	설명
에너지 효율화	서버 가상화를 통해 Host(호스트) Computing 자원의 효율적 활용으로 전력 소모 감소
강력한 격리	실행위한 가상 H/W platform 제공
자원할당	H/W 상위에서 CPU와 메모리등의 자원 가상머신에 할당
API 제공	가상머신이 가상화 환경에서 사용할수 있게 API제공

    - Hypervisor는 VMM(Virtual Machine Monitor)라고도 불리며 크게 Type1(Native), Type2(Hosted)로 나뉨

2. Hypervisor의 두가지 유형설명 & 상세 설명

  가. Hypervisor의 두가지 유형의 구조적 설명

구분	Type1 (Native)	Type2 (Hosted)
구조	 Type1	 Type2

동작 방식	하이퍼바이저가 해당 H/W 에서 직접실행되며 게스트 OS는 H/W 위에서 2번째 수준으로 실행	하이퍼바이저는 일반 프로그램과 같이 Host OS에서 실행되며 VM 내부에서 동작되는 게스트 OS는 H/W에서 3번째 수준으로 실행

4   Hypervisor의 두가지 유형의 상세 설명

구분	Type1 (Native)	Type2 (Hosted)
기술	반 가상화 기술 (Para - virtualization)	전 가상화 기술 (Full - virtualization)
장점	-Overhead 작음 -물리적 Computer 리쏘스의 관리유연	-Geust OS 종류 제약 없음 (Windows Linux 등) -Desktop등 Computer 제약없음
단점	자체적으로 관리가능 없음 (별도관리콘솔 & Computer 필요)	-Overhead크고, 물리적 컴퓨터에 제한적 (물리 컴퓨터의 H/W를 에뮬레이트)
구현 사례	-VMware ESX 서버 -Xen Hypervisor (Citrix) -POWER Hypervisor (IBM)	-VMware Workstation (VMware) -SUN Virtual Box (Oracle) -User Mode Linux
공통	-Host Computer의 H/W 자원의 효율적인 활용 -Hypervisor에 드라이버 포함 여부에 따라 구현기술이 Monolithic과 Microkernel로 나뉘어짐	

3   Hypervisor의 두가지 유형별 활용 & 선정시 고려사항

구분	Type1	Type2

		활용	- 기업의 Data Center	- Client 가상화를 통한
			- Biz 환경의 유연한 대응	논리적 망 분리
			- TCO 절감	- Test 환경의 효율적 사용

- 지원 가능한 Guest OS, 보안, 안정성 & 관리 용이성을
고려하여 Hypervisor 선정 고려 필요

"끝"

문105)	하이퍼 바이저 (Hypervisor) - 2
답)	

1. 가상화 System 기술, Hypervisor의 개요

가. Software, 하이퍼바이저의 정의
- 하나의 System을 가상의 다수 System으로 분리, 독립적 구성 & 운영을 구현하는 가상화 Software

나. Biz 환경 변화 대응등 Hypervisor의 등장배경

Biz 환경변화	DevOps 환경 (IT환경)
- Biz Cycle 단축, Agile 요구	- 지속 개발/배포 (CI&CD)
- 빠른 App. 출시	- IT 자원의 탄력적 운영(화.)
- IT 투자 비용 효율성(ROI)	- CAPEX/OPEX 절감(Cloud/가상)

2. Hypervisor의 방식/드라이버 Level별 유형

가. 하이퍼 바이저 방식별 유형

구분	Type1, Native/Baremetal	Type2, Hosted
개념도	VM#1 [Guest OS]　VM#2 [Guest OS] ... [Hypervisor s/w (VMM)] [Hardware]	VM#1 [Guest OS]　VM#2 [Guest OS] [Hypervisor s/w (VMM)] [Host OS] [Hardware]
특징	- Type1 형태 - H/W상 직접동작 - 기업 데이터센터 분야	- Type2 형태 - Host OS에 설치 - Client 가상화로 활용

		특징	Hypervisor는 OS에 미 종속 -Guest OS는 H/W 과 OS 위에서	기존 컴퓨터 환경에 설치 용이, 구성 편리
		장점	-Host OS 불필요 (성능 우수, Type 2 대비)	-다양한 Guest OS 지원 (리눅스에서 윈도우 구동 등)
		단점	-여러 H/W Driver 세팅 필요 (즉 별도의 관리 콘솔 필요)	-Type 1 대비 성능 미흡 (Host OS 자유 필요)
		종류	Xen, KVM, Xen server, Hyper-V, VMware ESXi	Virtual Box Vmware workstation
	4	Hardware Driver Level에 따른 유형		
		구분	Monolithic kernel	Micro Kernel
		개념도		
		특징	Hypervisor 내부에 Driver (S/W) 포함 구조	Driver (S/W)를 가상머신 내에 위치 하는 구조
		장점	-가상화 구현 간단 -효율적 자원 관리	-신뢰성, 보안성 -기능 확장, 재사용성
		단점	Driver가 문제시 전체 Service에 영향	통신 (VM 간)에 대한 Overhead 발생
		사례	Xen, VMware	Windows Server

3.	하이퍼바이저의 두가지 유형별 활용 & 선정시 고려사항	
	구분	Type1, Native/Baremetal	Type2, Hosted
활용	-기업의 Data Center - Biz 환경의 유연한 대응 - TCO 절감	-Client 가상화를 통한 논리적 망 분리 -테스트 환경의 효율적 사용
고려 사항	지원 가능한 Guest OS, 보안, 안정성 & 관리 용이 성을 고려하여 선정을 고려	

"끝"

문106)	도커 (Docker)
답)	
1.	Hypervisor 불필요, 도커(Docker)의 개요
가.	Linux Container(LXC)기술, Docker의 정의
	- 하이퍼바이저(Hypervisor) 없이 리눅스 컨테이너
	(Linux Container, LXC) 기술을 바탕으로 Application을
	격리된 상태에서 실행하는 가상화 Solution
나.	도커 (Docker)의 특징

구분	내용
Host OS 공유	여러개 Application 단일 Host에서 구동
Fast, 가벼운 가상화 Solution	최소한의 리소스(Resource)만 할당받아 동작하는 방식으로 운영체제 전체를 구동 해야 하는 일반적인 VM에 비해 빠름
Free 개발환경	개발언어, 툴 상관 없이 App. 만들 수 있음
이식성	Container는 자체 서버구동 & cloud구동 가능. 다양한 환경에서 실행 가능
개발 & 운영호환성	Docker 엔진은 이동성이 좋고 가벼운 런타임 패키징으로 platform에 상관없이 Application 을 신속하게 서비스 제공 가능.
증가	기존 install>Configure>run 모드를 거치지 않고도 Copy>run 과정만으로 작업완료 가능

2.	VM과 도커(Docker)의 개념도와 구성요소

가. Virtual Machines의 구성과 설명

구성		

Appl. A	Appl. B	⎫
Bins/Libs	Bins/Libs	⎬ VM
Guest OS	Guest OS	⎭

Hypervisor
Host OS
Hardware (server등)

설명　가상화된 Application에는 Application 자체와
필요한 바이너리/라이브러리뿐만아니라 Guest OS 도 포함됨

나. Docker의 구성과 설명

구성		

Appl. A	Appl. B	⎫
Bins/Libs	Bins/Libs	⎬ Docker

Docker Engine
Host OS
H/W (Server 등)

설명　Docker Engine Container는 Application과 꼭
필요한 Binary/Libs 만 갖추고 (탑재) 하고 있음.
OS (운영체제) 상의 사용자 공간에 격리된 process로
구동되기 때문에 가상머신의 이점을 누리면서도
이동성, 이식성이 VM대비 뛰어남

다. Docker의 구성요소

구분	내용

		LXC (Linux Container)	LXC로 생성한 Container는 고유한 file-system, process N/W공간을 가짐. 가상머신처럼 독립적이고 격리된 공간
		이미지	필요한 program과 라이브러리, 소스(Source)를 설치한 뒤 파일로 만든 것
		컨테이너	Image를 실행한 상태

- Container 기술 자체는 Linux가 이전부터 제공한 것,
  Docker는 Linux kernel이 탑재된 Container 기술인
  LXC (Linux Container) 기능을 이용

3. Docker의 기반기술

가. Linux Container (LXC) 구성

컨테이너s	Containers	④ ..
Libvirt		③ = 라이브러리
		⑤ 가상화
Namespaces	Cgroups	SELinux
①	②	
Drivers	Linux kernel	
Hardware		

4. LXC 구성요소 설명

구분	내 용
① Namespaces	운영환경 고립시켜줌. process Tree, N/W,

			사용자 ID, Mounted된 File System 등
		② Cgroups	-Control group
			-Process Group에 대한 리소스 제한(limit), 격리(Isolation), 모니터링(CPU, 메모리, N/w i/o 등)
		③ Libvirt	-Library + Virtualization
			-Container에게 공통으로 API 제공하는 라이브러리로 다양한 가상화를 Support(지원)
		④ Container	-Application이 수행되는 독립적인 공간
			-Container간 내부는 볼 수 없음

"끝"

문107) 컨버지드 인프라 (Converged Infrastructure)

답)

1. IT Infra 유연성 확보, Converged Infrastructure개요

가. IT Infra 구성의 민첩성 가능, CI의 정의
- 서버, 스토리지, N/W Infra 통합, 이를 프로비저닝 하고 관리
가능한 S/W를 함께 제공, 효율적인 물리적 인프라 관리를
가능하게하는 통합 어플라이언스 (인프라 구성)

나. 비효율적 Infra 구성 극복, 비용절감 효과위해 등장

IDC의 무계획적 IT장비의 확산	→	기업운영 비용상승 민첩성/생산성저하	→	컨버지드 Infra 등장
특정기능구현위한 별도장비 지속구매	→	고질적인 IT Silo 문제야기		
현상		문제		해결방안

2. Converged Infra.의 아키텍쳐 & 구성요소

가. 컨버지드 인프라의 아키텍처

컨버지드 인프라 구성

Storage Pool   Server Pool   관리 S/W
Network
Power & Cooling

- 서버, Storage, Network, Management s/w가 통합되어 구성

나. Converged Infra의 구성요소

| 구성요소 | 설 명 |

			Server pool	Application의 요구를 처리하기 위해 서버 자원들을 가상화하여 구성한 서버 자원 Pool
			Storage pool	-스토리지 자원 가상화 → 스토리지 자원 Pool -Scale-out 확장 지원
			Network	-다양한 Network 구조를 단일구조로 통합 -수평적 N/W 구성 & N/W 관리 복잡성 줄임
			Management s/w	-자원을 관리하고 자동화하는 공통 platform 제공 - Infra Monitoring & 통합관리
			Power & Cooling	-장비 동작에 필요한 에너지 사용 최적화 - 실시간 냉각상태 측정하여 에너지 비용 최소화, 환경 영향 최소화

3. 컨버지드 인프라 도입시 도입효과와 도입시 고려사항

가. Converged Infra. 도입효과

활용	설 명
비용 절감	물리적 Infra 투자비용 & 운영비용 절감
신속 배치	비즈니스 (Biz) 요구에 따른 자원 배치시간 단축으로 신속한 시장 (Market) 대응
중앙집중 자원관리	관리 S/W를 이용한 중앙 집중식 자원 관리
자원 사용률 향상	Infra의 활용도 & 가용성을 향상, 자원사용 최적화

4. Converged Infra 도입시 고려사항

고려사항	설 명
신중한 업체선정	자원(서버, 스토리지, N/W) 모두 맡기는 솔루션

			이므로 업체 선정에 신중해야 함
		S/W 호환성	주요 S/W 업체 솔루션(DB, 하이퍼바이저등) 지원 여부
		업체 안정성	솔루션 업체와의 장기적인 관계 중요
		전력소비	전력과 냉각비용 필요 점검
		서비스 지원	해외 지원 여부 확인 (글로벌 업체인 경우)

"끝"

문108) A기업이 HCI(Hyper Converged Infrastructure)의 도입을 검토하고 있다. 다음에 대해 설명하시오.

가. HCI 개념

나. HCI 특징

다. HCI의 유형별 비교

답)

1. Software 기반 통합 System, HCI 개념

가. Computing 자원의 S/W 기반 통합, HCI의 정의

- Computing 자원(CPU, Memory, Hypervisor 등)과 Storage를 하나의 Node로 통합하여 구성한 서버 장비

나. HCI의 발전 배경

항목	Legacy Infra	Converged Infra	HCI
개념	Network, 서버, Storage 개별 분리	N/W, 서버, Storage, 단일제품	서버, Storage 통합 어플라이언스
주요 특징	공급업체별 유지보수 지원	모듈간 호환성 보장, 설치 간편	S/W Defined 기반 통합관리, 확장성 제공

- HCI는 모듈 통합을 극대화 하여 x86 기반 Storage 와 서버 통합으로 비용절감 & 관리 편리성, 확장성을 제공하여 최근 주목받는 기술 구성임

2. HCI(Hyper Converged Infra.) 특징

가. HCI의 구성요소 측면의 특징

항목	특징	설명
서버	VM 기반 가상화 구성	x86기반 하이퍼바이저 구성
Storage	S/W Define Storage	고성능 분산 파일 System
네트워크	S/W Define Network	논리적 N/W 구성
cluster	Dynamic Scale-out	자원의 동적 할당 & 회수

- Software 기반으로 일원화된 모듈간 통합 관리 환경 제공

나. HCI의 운영 측면의 특징

항목	특징	설명
운영	서버, Storage, N/W 통합관리 편리	Software 기반 통합 관리 UI 제공
자원	자원 할당 회수 편리	가상화 기반 효율적 자원관리
비용	TCO 비용절감	x86 기반 서버, Storage 구조 비용절감

- 통합관리 & 자원 효율성, TCO 비용절감 특징

3. HCI의 유형별 비교

가. HCI 서비스 제공 환경별 비교

서비스	VDI	서버 가상화
용도	Desktop 환경 제공	Application 환경 제공
주요 특징	Pooled VM 고가용성	고가용성 In-Memory VM
주요볼륨	All-Flash / SDS	SDS/In-Memory Volume
주요제품	Citrix Xen, VMware	XenServer, vSphere

- Service 환경에 따라 VM 제공 방식, Volume, 가상화 제품으로 구분됨

나. HCI Vendor별 비교

Vendor	Nutanix	Dell EMC VxRail	HPE Simplivity
Cluster Size	No Limits	96 Nodes	96 Nodes
하이퍼바이저 (Hypervisor)	vSphere, Hyper-V, Xenserver, KVM	vSphere, Hyper-V	vSphere, Hyper-V
Min. Node	3	3	2
Node Memory	64G~1.5TB	3072GB	144~1536GB

- HCI (Hyper Converged Infra) 도입시 기존 System 통합, 확장성, Backup, 재해복구측면 고려필요

4. 기업의 HCI 도입시 고려사항
- 장기적 관점에서 운영 Application 특성과 목표치에 따라 Infra 도입 검토 필요함

기존 System 연동 — 확장성 — 백업 & 재해복구

- 연동제약사항 확인필요
- 기능 확장시 한계점 고려
- 장해복구시간, 범위 사전검토필요

– 기존 Legacy 연동, 향후 확장성, Backup & 재해복구 고려

"끝"

문109)	오픈 스택 (open stack)
답)	
1.	Open Source 운영체제, 오픈 스택(open stack) 개요
가.	Computing open Project, open stack 정의
	Public & Private Cloud 구축을 위해 open Source를
	기반으로 Cloud Computing 운영체제를 개발하는 project.
나.	open stack project의 목적
	- 구현기술에 독립적인 Cloud Computing 플랫폼 표준수립
	- 신규기술의 신속한 적용을 통해 Cloud Computing 기술 발전
다.	Open stack의 주요특징

주요특징	설 명
Lock-in 현상 방지	Apache 2.0 라이선스로 특정 벤더(Vendor)에 종속되는 Lock-in 현상 방지
빠른 기능 개선 & 공유	Open Community를 기반으로 전세계 엔지니어 들간의 상호협력(Share, issue 공유 등)을 통한 빠른 기능 개선 & 공유 가능
Cloud간 이동이 자유로움	Public/ Private/ Hybrid 형태의 Cloud Service 제공이 가능한 Software로 Cloud 간의 이동이 자유로움

2.	오픈 스택(open stack)의 구성도 & 구성요소
가.	오픈 스택(open stack)의 구성도

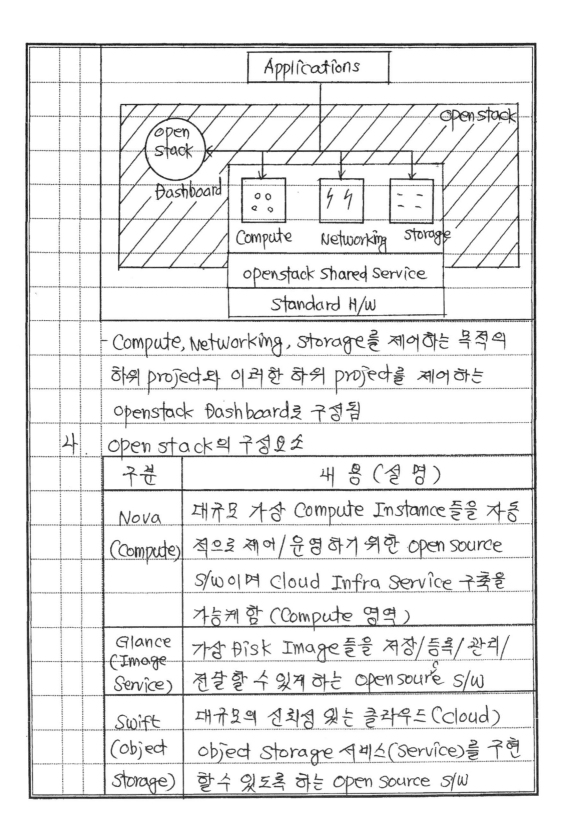

- Compute, Networking, storage를 제어하는 목적의 하위 project와 이러한 하위 project를 제어하는 openstack Dashboard로 구성됨

4. open stack의 구성요소

구분	내용 (설명)
Nova (Compute)	대규모 가상 Compute Instance들을 자동적으로 제어/운영하기 위한 open source S/W이며 Cloud Infra Service 구축을 가능케 함 (Compute 영역)
Glance (Image Service)	가상 Disk Image들을 저장/등록/관리/전달할 수 있게 하는 open source S/W
Swift (Object Storage)	대규모의 신뢰성 있는 클라우드(Cloud) object storage 서비스(Service)를 구현할 수 있도록 하는 open source S/W

			Key stone	-Openstack Identity
				-Openstack Service들을 위한 통합 인증 System
			Dash-board	관리자4 사용자가 Openstack으로 구현된 서비스들을 접속하여 사용토록 하는 Self-서비스 포털
			Quantum	project 사이의 연결을 가상화, 자동화된 방식으로 조직화하는 Networking을 지원

3. 주요 open stack project 설명

구분	프로젝트명	설명
서버	Nova	- Hypervisor API를 통해 가상머신 생성, 관리 & 삭제
		- Xen, KVM, VMWare 지원
		- Nova API, 스케줄러, 컴퓨트, N/W으로 구성
	Glance	-가상머선 Image 관리
		- Glance API, Registry로 구성 제공
		-가상 Disk 이미지를 위한 카탈로그& 저 장소
스토리지	Cinder	가상머선에 부착되어 사용자 Data를 저장하기 위한 Block Storage
	Swift	-대용량 Object Storage
		-Ring, Server, Auditor, 복제 등으로 구성
사용자	Horizon	Cloud 기반 자원들을 접근하고 provisioning 하기 위한 Interface (Dashboard) 제공

			Keystone	중앙집중식 인증과 서비스 카탈로그 System
			Clometer	미터링, 모니터링 기능 제공
		관리	Heat	Component orchestration, Auto-scaling, Auto-provisioning
		N/w	Neutron	가상 Network 관리, SDN (Software Define Network) 지원
		DB	Trobe	DB as a Service (관계형 DB)
		컨테이너	Magnum	Container as a service

4. 주요 openstack Cloud platform 과 적용분야 & 동향

가. 주요 openstack cloud platform

구조적 요소	서비스 요소
Cloud Stack	GUI 기반 콘솔, 멀티 하이퍼 바이저, S/W 방화벽, 로드밸런서 기본제공, XEN, KVM 등 지원
유칼립투스	- Eucalyptus System - XEN, KVM, ESXi 등 하이퍼 바이저 지원
V클라우드 디렉터	VM웨어 개발 제품으로 VM웨어 제품 전용지원
openstack	KVM, XEN, QEMU, VMware, ESX/ESXI, PowerVM, Hyper-V 등

나. openstack 의 적용분야

- 개인 & 개인의 Storage로 사용
- CDN Origin Server로 사용, 3rd party solution 개발자

들이 Swift API통해 Solution에 장착사용

- 컴퓨터 Cloud Backup스토러지 (이미지등)로 활용

다.　Open stack의 동향

- Cloud Computing 분야의 Open Source 중에서 가장
빠른 기술 성장 보임. Swift는 상용서비스 시작,
Nova의 경우는 private cloud platform으로 상용
서비스출시.

"끝"

문 110)	디지털 트랜스포메이션 (Digital Transformation)		
답)			
1.	Analog(수기작업등)→Digital화, DT의 정의&등장		
	정의	IT기술을 활용하여 Biz 전략, Process, 조직문화, 의사소통등 기업의 가치사슬 전반을 통합, 경영혁신화	
	등장 배경	비용절감	수기작업(수동입력, Excel등)→전산화
		생산성↑	Biz Process 최적화, platform 공급등
		민첩,유연	FAQ, VOC, 고객 의사소통등 Agility 대응
2.	Digital Transformation 구성도 & 핵심기술		
가.	디지털 트랜스포메이션의 구성도		

```
┌──────────────┐        ┌──────────────┐        ┌──────────────┐
│ -전략,목표     │        │ -IoT, AI, Cloud│  가치  │ -생산성 증가   │
│ -프로세스,조직  │ ICT기술 │ -BigData,블록체인│ 제공  │ -이익극대화    │
│ -Biz Model    │  접목   │ -CPS, 디지털트윈 │ ───→  │ -고객UX개선등  │
└──────────────┘        └──────────────┘        └──────────────┘
    ←─── 기업경영 ───→      ←─── ICT기술 ───→      ←─── 기대효과 ───→
```

나.	Digital Transformation의 핵심기술		
항목	내 용		주요 기술
IoT	Sensor통한 Data 수집/활용		M2M, Edge 컴퓨팅등
AI	Data 기반의 의사결정, 자동학습		ML, 생성적AI, RPA등
Cloud	서비스 가용성/확장성/편의성		MSA, 가상화, 하이퍼바이저
BigData	의미있는 Data 수집/분석/활용		수집/전처리/분석/가시화
블록체인	계정/계약관리, 거래이력등		분산원장, 합의 알고리즘
CPS	현장정보수집, BigData화		자동제어, 판단서비스

| | | 디지털 트윈 | 실제적인 가상환경 (Digital) | 3D, 예측, 모니터링 분석등 |

3. 성공적인 D.T의 추진전략

- 전담 조직　　　- ICT분석역량확보　　- Biz 생태계조성
- 경영진 관심　　- Agile 프로세스, MSA　- Biz 모델 활성화

- Cloud환경에서 Agile 문화기반의 MSA 아키텍처를
적용한 Digital Transformation 전략 구성

"끝"

문 111)	VDI 도입시 검사항목과 고려사항		
답)			
1.	VDI (Desktop 가상화) 도입시 필요한 검사항목		

인프라통합 / 보안성 / 호환성 / 편의성 / 안정성 / 성능 / VM성능 / H/W 등

VDI 도입시 (솔루션) 검사항목분류 (주제영역별)

2. VDI 도입시 검사항목 (Solution 도입전)

분류	항목	내용
인프라 (Infra) 통합 관리	Monitoring 기능	-사용자 접속후, 각 Desktop상태, Host상태 정보제공 & 모니터링, 통합화면 - Status확인 -Host & VM별 CPU, RAM, N/W Disk I/O Resource 사용량 확인 -각 Host의 H/W 장애모니터링
	배포기능	-표준 OS이미지 사용자 공유기능 지원 -각 VM별 S/W 배포/update/삭제 기능지원
	원격기능	-실행중인 VM의 사용자에 공지 & 알림기능 -VM화면 원격제어를 통한 사용자 지원
	Thin- Provisioning	VM들이 할당량이 아닌 사용량 만큼 Storage 사용기능
보안성	자동매체제어	외장 USB & /HDD, PC의 HDD 사용여부 통제
	권한인증	SSO, ID/PW, OTP등 인증기능 지원 여부
	클립보드통제	PC와 VM간 Text, 화면 Capture 공유통제

			외장장치지원	USB 통한 다양한 Device 오디오/마이크지원
		호환성	Application	Office, 사내시스템 등 다양한 App. 지원
				Internet 뱅킹, No-plug-in 적용
			OS지원	Windows, Linux 등 다양한 OS 지원
		사용자 편의성	모바일 지원	테블릿, Smartphone에서 VM 접속지원
			해상도	최대 해상도 & 해상도 조절기능
			동영상	Seamless 동영상 재생기능
		안정성	HA 기능	서버장애시 다른 Host에서 VM 자동실행
			N/W단절대응	N/W단절후 재 접속 & 기존 세션 유지
		서버 성능	CPU QoS	서버 CPU에 대한 적정 리소스 사용 관리
			백업 & 복원	Backup & Recovery 기능 제공
			워크로드	VM동시가동시 최종가동된 VM Login 시간까지
			최대 IOPS	Host에서 제공 가능한 최대 Disk I/O성능
			집적도	서버당 운영 가능한 VM수
		VM 성능	VM IOPS	VM에서 제공 가능한 최대 Disk I/O 성능
			부팅시간	VM Booting 시간
			실행속도	Web 브라우저, Office 등 App. 실행속도
			체감속도	마우스/KB, 화면 전환등의 체감속도
		N/W	Host traffic	Host와 Host간 N/W Traffic
			VM traffic	VM 및 Host간 N/W Traffic

- VDI BMT용 전문 Test 도구 사용한 BMT 실행 필요

3.		VDI 도입시 고려 사항

고려사항	설 명 (내용)
사용자 만족도	PC환경 變化에 따른 사용자 불만 Risk가 높아 사전에 사용자 만족도 여부 충분히 검토후 도입
TCO검증	VDI 운영 인력 비용, 초기 투자에 따른 이자비용, IDC사용 비용등 숨겨진 비용에 대한 TCO 반영
License 확인	-OS, App등의 VDI환경에서 License 정책 확인 -접속용 PC or Thin-Client OS와 VM OS 라이선스 비용 2중 부담 발생 가능
보안정책연계	보안정책 연계, 사의 VDI 접속 허용 & 권한 설정

"끝"

문 11라)	VDI (Virtual Desktop Infrastructure) 프로토콜
답)	
1.	VDI 방식 Desktop 가상화 핵심, VDI 프로토콜 개요
가.	Client와 중앙 가상머신간 통신, VDI protocol 정의
	- VDI 환경에서 사용자가 자신의 PC처럼 원격지 Computer
	를 사용하도록 해주는 Remote Display protocol
나.	VDI protocol의 요구사항(요건)

Seamless 연결	Seamless 가상머신과 Client간 연결 지원
다양한 포멧지원	OpenGL의 3D 2 그래픽 등 멀티미디어 포멧세션 지원
경량 트래픽	WAN 환경에서도 사용가능 대역폭
효율적	Client & 가상머신 상의 CPU / GPU를
랜더링 지원	사용한 빠른 랜더링 지원

2.	VDI protocol의 동작구조 & 역할
가.	VDI protocol의 동작구조

Client 입력정보 전송 (마우스, 키보드, 터치 채널)

도착기

Client 단말   그래픽명령어 Screen Capture, Compress, Encrypt 등   Host 가상머신

- Client 단말 ⇔ Host 가상머신 간 정보전달
- Client에 Graphic 명령전달 (Client 랜더링의 경우)

		- 가상머신 상의 화면 Capture, 압축, 암호화 하여 전달(Host 렌더링의 경우)	
	나	VDI protocol의 역할	

구분	설 명
연결 Negotiation	Host와 Client 사이의 GUI 파라미터, 3D설정, 비디오 포맷등 초기화 작업 필요
Client 입력 전송	Client 단말에서 발생하는 Event를 Host 가상머신에 동기화
Graphic 명령어전송	Client 렌더링 위한 Graphic 명령어 전송
화면정보 압축/해제	N/W 트래픽 축소를 위한 압축와 해제
화면정보 암/복호화	보안 전송을 위한 암/복호화 수행

3. VDI protocol 구현 방법의 종류

- Client Rendering : Client 자신의 GPU 사용

- Host Rendering : Host CPU, GPU를 활용하여 Rendering 작업 수행후 화면을 Capture, Compress(압축), 암호화 과정을 거쳐 Client로 전송

"끝"

문113)		VDI (Virtual Desktop Infrastructure) 효과와	
답)		리스크 (Risk)에 대해 설명하시오.	
1.		Desktop 가상화, VDI의 개요	
	가.	사용자가 어느 장치에서나 업무환경 Access, VDI 정의	
		중앙 데이터센터의 서버 자원을 이용해 Desktop 업무	
		환경을 개별 사용자에게 N/W상에서 제공하는 컴퓨팅 환경	
	나.	Desktop 사용 편의성, VDI 등장배경	
		정보 보안	-Process kill, OS Format 등을 통한 통제 기능 무력화
			-PC 반출후 HDD 내역 정보 대량 유출등 방지
		TCO	-전통적인 PC 운영 비용 매년 동일 수준으로 발생
			-H/W & S/W 20~30%, 나머지는 유지관리 비용
			-TCO 절감 차원에서 VDI 설치 고려
	다.	VDI 확산 배경	
		보안성	개인정보보호법 등의 영향으로 내부정보 유출통제 필요
		업무환경 변화	Smart working 센터, 재택근무, 모바일 Computing
			등 언제 어디서나 동일한 업무환경의 Needs
2.		VDI의 구성도와 구성요소	
	가.	On-demand 가능, VDI의 구성요소	
		구성요소	설 명
		단말기 (Client)	-사용자가 중앙의 가상머신에 원격 접속
			-단말기는 Zero client, Thin client, PC로 구분

		Session Broker 서버	사용자 단말기와 가상화 엔진의 접점에서 사용자 인증등 정책을 적용하고 접속요청에 따라 어떠한 가상머신을 사용자에 전달할지 정보 저장
		인증서버	- 사용자 계정 통합관리, 접속 사용자의 인증 담당 - 계정 정책 & OS환경에 대한 정책 정의, 배포
		하이퍼바이저	실제로 가상머신이 실행되는 요소로 각 제조사 마다 각자의 특성에 맞는 가상화 엔진을 보유. Desktop 가상화의 성능과 관련되는 요소임.

4. VDI의 구성도

Client (단말기) — 연결 — Session Broker 서버 — 가상머신 할당 → 가상머신 / 가상머신 / VM / VM / VM운영서버, 하이퍼바이저 / SAN 연결 / 공유 Storage

권한확인
요청 → 인증서버

- Client, Broker 서버, 인증서버, VM운영서버, 스토리지 등

3. VDI 도입에 따른 기업환경의 효과

효과	내용	조건
TCO 절감	-가상 Desktop 통합관리, 관리용 감소 -PC수리 & 지원비용 절감	서버교체 주기 : 5년

업무환경 개선	-PC철거에 따른 업무공간 확보 -Desktop 발열량감소 & 소음제거	Zero-client
Smart Working	-재택/원격근무 & 모바일 접속 가능 -원격지에서 사무실과 동일조건 업무수행	보안정책 수립
Data 중앙화	-생성되는 모든문서 통합스토리지 저장 -문서 중앙화의 기본 요건 충족	통합스토리지
보안성 향상	-외부저장매체 통제 & 논리적 망분리 -민감정보 식별 & 익명처리	보안모듈 추가
표준 데스크탑 환경	-동일한 OS & Device 환경 -App. 개발 & 시스템도입서 검토항목 감소	Group별 환경제공
Application 통합관리	-중앙에서 Application 공급 -update & patch의 100% 적용보장	PMS 구축불필요

-기업이 필요로 하는 효과를 우선순위화하여 Solution 선정 반영

4. VDI 도입시 발생 가능한 Risk

Risk	내 용	대응
성능 불만족	-최신 고성능 PC환경 대비 처리속도 저하 -CAD등 고성능을 요구하는 S/W성능제약	PoC 통한 만족도 조사
업무마비	-PC고장의 경우 1명 한테 영향 미쳐나 -VDI 서비스 중단시 전체 영향	VDI 이중화 구성
App. 호환성	-가상환경을 제약하는 보안솔루션과 충돌 -공공 웹사이트의 공유프린터 사용불가	BMT 통한 호환성 조사

		주변기기호환성	printer, 스캐너, 연구기자재등도판 [문제]	주변기기표준화
		N/W 대역폭 고갈	외장 저장매체로부터 Data Reading, 프린터&스캐너사용시 N/W이용으로 Network 속도문제 야기 가능	BMT통한 N/W 사용율이 낮은솔루션선정
		사무환경 내에서 발생할수 있는 Risk를 최대한 도출하여 PoC & BMT를 통한 검증후 Solution 도입 필요		
				"끝"

문114) VDI (Virtual Desktop Infrastructure)의 기술 요소와 VDI 선정시 검사항목에 대해 설명하시오

답)

1. Desktop 환경의 Cloud 자원 제공, VDI의 개요

가. VDI (Virtual Desktop Infra)의 정의
- Display와 Internet 환경만을 탑재한 Thin / Zero Client를 통해 서버에 접속, Data의 중앙관리 & 자원관리의 효율성을 위해 구성되는 Desktop Infra.

나. VDI의 부각 이유

① 정보 보안관리	② TOC 절감	③ 그린IT 실현	④ 업무 환경개선	⑤ 관리 효율성
관리편리	비용절감	전력소비↓	Thin client Zero client	비용절감 편리성

- TOC : Total Cost of Ownership

다. VDI의 장점 상세설명

정보 보안 관리 편리성	- Process Kill, OS Format 등 방지 효과 - 정보유출방지, 작업 복사 방지, Down 방지
TOC 절감	- IT운영 자원 최소화 (H/W, S/W 선구투자↓) - End User 비용 감소 (교체, 장애, 대기비용)
업무 환경 개선	- Thin client 사용에 따른 업무공간 확보 「화」 - Desktop 발열량 감소 & 소음 제거 (Zero client
Green IT실현	H/W 사양 간소, 전력소비 줄임

		업무 연속성	어디서든 개인용 Computing 환경을 동일
		최적화	하게 제공받아 Seamless 사용 가능
		관리 효율성	이용자 & IT교육, 폐기 비용 절감

2. VDI 개념도와 기술요소

가. Virtual Desktop Infra 의 개념도 (구성예시)

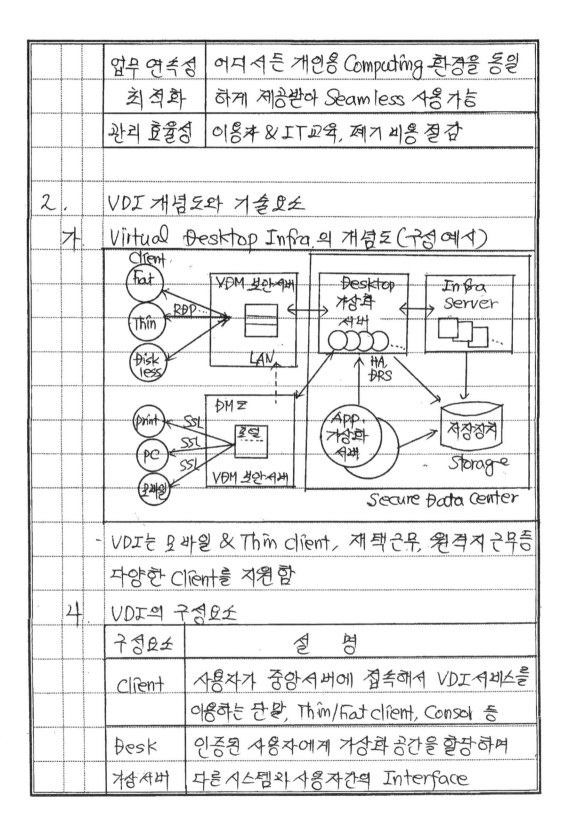

- VDI는 모바일 & Thin client, 재택근무, 원격지 근무 등
다양한 Client를 지원함

4. VDI의 구성요소

구성요소	설명
Client	사용자가 중앙서버에 접속해서 VDI 서비스를 이용하는 단말, Thin/Fat client, Consol 등
Desk 가상서버	인증된 사용자에게 가상화 공간을 할당하며 다른 시스템과 사용자간의 Interface

		VDM보안서버	사용자 접속 Client에 대한 AAA 기능 수행
		Infra.&	Infra 통제, 설정, 실행 제어 (가상화)
		Appl. 서버	Application 가상화서버
		Storage	저장장치 (사용자 정보등 저장)

다. VDI 구성을 위한 기술요소

기술요소	적용 기술
단말	Thin/Zero Client, Diskless PC
N/W	유선(FTTH/HFC, xDSL), 무선(WiFi, 5G, 6G …)
	-HFC : Hybrid Fiber-Coax : 광섬유 +동축케이블
	-xDSL : Digital Subscribe Line : 디지털 가입자회선
Protocol	-스크린 Rendering : RDP, HDX
	RDP (Remote Desktop protocol) : Remote 에서 Computer 제어 가능 기술 & protocol (M/S서 만든 Remote 가능 통신 protocol)
	-HDX : Citrix 사에서 만든 RDP
	-Host Rendering : RemoteFX, HDX 3D Pro, PCoIP (PC over IP) 등
Infra.	CDN, Multi Cast, IPv4/IPv6, VPLS (Virtual Private LAN Service)
platform	-UC, Cloud, OVF, MEAP
	-UC (Unified 통신) : 음성/영상/Data 통합 통신
	-OVF (open 가상화 포멧) : VM에서 Application

			사이의 모든 의존성 (OS, 3'rd party Lib, 구성)등을 처리 위한 단순 Container
			- MEAP : Mobile Enterprise Appl. platform
		가상화	-중앙서버 가상화, 사용자에게 전용 서비스제공
			-서버, Storage, Network 가상화
		보안	-접근 (SSO/EAM/IAM), 인증 (Open ID, OTP, 생체인식), 암호화, AAA (인증, 인가, 계정)
		Provisioning	원하는 Desktop Resource를 자동적으로 제공
		웹구간 암호화	사용자가 외부에서 Web으로 사내 VDI에 접속 시 관련 Web구간 암호화 & Tunneling
		H/A	VDI H/W 장애서 전체 사용자에게 영향이가는 Critical 한 요소이므로 바로 Service 복구 가능
		System연계	공인전자 문서 보관소, ERP, CRM, LDAP 등

3 VDI 선정서 검사항목설명

분류	항목	내용
Infra 통합 관리	모니터링 기능	-접속후 각 Desktop상태, Host상태 정보 제공 & Monitoring 확인
		-통합화면에서 활성화된 Desktop status
		-Host & VM별 CPU, RAM, N/W, Disk I/O의 리소스 사용량 확인
		-각 Host의 H/W 장애 모니터링

			Release 기능	표준 OS이미지 다수 사용자 공유 지원
		Infra 통합 관리		-각 VM별 S/W 배포/update/삭제 기능
			원격관리	-실행중인 VM 사용자에게 공지 & 알람기능
				-VM화면 원격제어 통한 사용자 지원
			Thin-Provisioning	VM들이 할당량이 아닌 사용량 만큼 Storage (스토리지) 사용 기능
		보안성	매체제어	외장 USB & HDD, PC HDD 사용여부 통제
			권한인증	SSO, ID/PW, OTP등의 인증기능 지원여부
			클립보드 통제	PC와 VM간 Text, 화면 Capture 공유 통제
		호환성	외장 장치 지원	-USB를 통한 다양한 Device 지원
				-Audio & 마이크 등 지원
			Application	-Office, 인트라 시스템 등 App. 지원
				-인터넷 Banking, 문서 작업 등 지원
			OS지원	Windows, Linux 등 다양한 OS 지원
		사용자 편의성	모바일 지원	Smartphone, 태블릿에서 VM 접속 지원
			해상도	지원 가능 최대해상도 & 해상도 조절 지원
			동영상	Seamless 동영상 재생기능
		안정성	HA기능	서버장애서 다른 Host에서 VM 자동실행
			N/W단절대응	N/W단절후 재접속 & 기존세션 유지지원
		서버 성능	CPU QoS	서버 CPU에 대한 적정 리소스 사용률 관리
			백업 & 복원	Backup & 복원 기능 제공
			워크로드	VM 동시 가동시 최종가동된 VM Login 까지시간

				최대 IOPS	Host 제공가능한 최대 Disk I/O 성능
				집적도	Server 당 운영 가능한 VM 수
			VM성능	VM IOPS	VM에서 제공가능한 최대 Disk I/O 성능
				부팅시간	VM Booting 시간
				실행속도	Web브라우저, Office등 App. 실행속도
				체감속도	마우스, K/B, 화면 전환등의 체감속도
			N/W	Host트래픽	Host와 Host간 N/W Traffic
				VM 트래픽	VM & Host간 N/W Traffic

- VDI BMT용 전문 Test 도구를 통한 BMT 수행권장

"끝"

문 115) 기업에서 현재 운영하는 전산실을 클라우드(Cloud)로 전환하는 것을 검토하고 있다. 다음에 대해 설명하시오

가. Cloud 전환시 선정기준 & 고려사항, 평가항목

나. Cloud 전환대상분류 & 이행절차

답)

1. 기존(Legacy) 전산실에서의 Cloud 전환구축

Cloud 전환 필요성   전환기준 & 절차   방법

- Cloud 전환위해 적절한 대상선정기준 & 항목등 고려

2. 선정기준 & 고려사항, 평가항목

가. 전환시 선정기준 & 고려사항

선정기준	상세 설명	고려 사항
유지관리	-비 상시적 중요도 낮은 System	-전환비용, 이행절차
부하감소	-업그레이드 요구, 신규투자불가	-요구사항, 기존 Infra 이용방안
대용량	-신규 Biz, 데이터분석	-Data의 양, 성능
처리요구	-기존 Infra 대비 많은 투자필요	-이전시간, 확장성
업무	-모바일, 재택, 협력사 자료공유	-보안, 관리체계
효율성증대	-사외 접속, 모바일등 투자요구	-Biz 요구 절차

개발&검증 효율성	-다양한 개발&Update / -개발/Test system 할당	-개발/Test 라이선스 / -해당 System 호환성
부 정기적인 Event대응	-특정기간(월/분기)에 집중 / -특정 시점 과도한 용량요구	-Auto Scale / -Service 가용성

Cloud 전환시 선정기준에 따른 고려사항, 평가 항목을 통해 전환 가능 여부의 검증이 필요

4. Cloud 전환시 평가항목

선정기준	평가 항목	평가기준 (예시)
유지관리	-유지보수(Update) 가능여부	-서버 EoS (End of Service)
부하감소	-System 감가상각 잔존 가치	-감가상각 가치 Zero
대용량	-System 요구사항 만족여부	-Big Data & AI 연계
처리요구	-이전시간 & 확장용이 여부	-지속 서버증설 요건 존재
업무	-원격지 근무 가능여부	-해외 & Smartwork 요망
효율성 증대	-외부 Interface 수량	-연계 I/F 20개 이상
개발&Test 효율화	-기능추가 & Test 횟수 / -개발&test Tool 지원	-DevOps형태, 상시추가/Test / -Cloud 사업자 요구기능 충족
부 정기적인	-System ROI	-기존 사용 대비 40% 비용
Event대응	-5개년 기준 System 사용량	-해당 System 평균 사용량 20%

-Cloud로 전환을 통해 P2V(Physical To Virtual) 전행시 전환대상 분류와 상세 이행절차 기반 전환 수행 필요

3. Cloud 전환 대상 분류 & 이행절차

가. Cloud 전환대상 분류

분류	설명	전환 효과
비상시적이고 낮은 중요도업무	-사내 인프라와 연동 없음 -비상시적, 중요도 낮음	-초기 구축/유지보수 비용 절감 -관리 복잡성 감소
분석기능 요구 업무	-대량 Data 실시간 분석 -특정시점 System 부하	-초기도입 & 비용절감 -부하증가서 확장가능
현업 업무가 많은 경우	-메일, 메신저, 파일공유 -사내 SNS등업무 효율성↑	-사용자수 사전조사 -저렴한 투자
개발 & Test	실제운영 System과 유사한 구성	-신속 구축 & 확보 -사용후 자원 반환
Desktop & 모바일 업무	Mobile과 Desktop 업무 환경 연동	-초기 비용 절감 -BCP보장, 생산성↑
부정기적인 System 부하요구	특정 기간에 부하서 신속한 확장	-신속한 자원 제공 -사용기준, 비용 절감
대용량 Data 저장 & 백업	Data에 따라 저장 공간 확보	-저렴한 비용 -대용량 공간 확보

- 전환되는 대상의 분류 확정 이후에 상세 이행절차에 따라 전산실의 Cloud 전환을 수행

사. Cloud 전환 이행절차

단계	이행절차	상세 활동	산출물
계획 수립	1)사전 준비	현행 서비스 분석	-사전 Check-
	2)현황 분석	구성 & Risk확인	-list

			3)To-Be 설계	망 구분 확인 & 서버설계	- Checklist
			4)이행시나리오	전환 & 검증 계획 수립	결과표
		Cloud 환경구성	1)Target 구성	VM도메인 / 인스턴스구성	- Migration
			2)Migration 준비	AS-IS & To-Be 구성 점검	계획서
		Migration	1)이관 일정 협의	서비스 운영부서 협의	- Migration
			2)서버 이관	OS 전환	결과보고서
			3)서버 이관모니터링	OS 전환 Monitoring	- Test 결과
			4)Data 이관	Volume 구성 & Data 전환	보고서
		확인 & 검증	1)VM 정상유무	IP, 방화벽, L4확인 동	파일럿
			2)서버 VM 이미지	OS 이미지 검증 & 차이보	시행결과
			3)서비스 연동시험	내/외부 I/F 점검서버성능	보고서
		서비스 전환	1)변경분 Data이관	AS-IS 서비스 중단,	성능측정 결과
			2)서비스실 전환	변경분 전환 서비스교체	보고서
			3)전환후 Test	연동/운영서비스 검증	검증 결과
		안정화 & 최적화	1)Monitoring	각종 Monitoring (도구)	장애보고서
			2)기술지원	성능 검증 & 장애 대응	장애 처리결과
		- 절차 기반의 Cloud 전환시 Biz의 목적과 안전성에			
		기반하여 Cloud의 단계적 전환 Master plan을			
		통해 기업의 전산실 이전이 요구됨			
4.		Cloud의 단계적 전환 Master Plan 제언			
		- 1~3단계 Cloud 전환(예시)			

1단계
신규 System 구축

2단계
유지보수 EoS 시스템
대용량 Data System

3단계
기존(Legacy)
전체 Cloud
전환

초기 전환 단계 | 중기 전환 단계 | 최종 전환

- Master Plan 수립후 단계적 전환을 통한 비용/기술
효율적인 전환이 요구됨.

"끝"

문 116)	정보시스템 구조진단 방안
답)	
1.	정보 System 안전성 & 신뢰성 제고, 구조진단 개요
가.	잠재적 장애 식별, 정보 System 구조진단 정의
	- System의 이상 징후를 사전에 Monitoring & 분석을
	통해 현 상태를 진단하고 개선사항을 제시하여
	정보 System의 안전성을 평가하고 가용성 향상위한 활동
나.	주요 기반시설 장애시 피해 예측불가, 구조진단 필요성

System 대규모	안전성
시스템 복잡도 증가	성능
주요사회기반시설연동	가용성
사이버 해킹 증가	보안성

문제점 ←──────── × ────────→ 필요성

- 정보 System의 안전성, 성능, 가용성, 보안성 확보 필요

2.	구조진단 대상 범위와 항목
가.	정보 System 구조진단 대상 범위

Network — WEB/WAS 서버 — DBMS — Storage — 기타

- 대상범위는 국민 안전과 관련된 N/W, 서버, DBMS,
  스토리지, 기타(UPS등) 등으로 분류 가능

4. 정보 System 구조진단 항목

항목	설명 (진단 항목)
Network	- Network 성능 및 장애요인 점검 - Network 병목 & Traffic 상태 점검
WEB/ WAS 서버 등	- 시스템 (Appli.서버, Web/WAS 서버, Storage 등) 구조상 문제점 점검 [응답시간] - 자원 (CPU, 메모리, Disk, N/w) 가용성, 사용량,
DBMS	- 데이터 무결성 점검, Backup/복구 상태 점검 - DBMS 성능점검 : SQL, Index 사용 등
Storage	- Storage (SAN, NAS, 백업 VTL 등) 용량 점검 - 용량추이, Backup (Full, 증분)/소산 점검
기타	- 항온항습기, 무정전 전원장치 (UPS) 등 기반시설 점검, 운영 & 유지보수 상태 점검

3. 진단 수행 절차 & 내용

가. 구조진단 수행 절차

진단 착수 → 현황 파악 → 진단 수행 → 개선안 수립 → 결과 보고

- 서버 & N/w, DBMS, 스토리지 등 다양한 리소스와
정보시스템의 각 Layer 간의 상관관계를 고려, 근본원인
을 진단하고 종합적인 분석을 통해 개선방향 도출 등

4. System 구조 진단 수행 세부 항목

구분	진단착수	현황파악	진단 수행	개선안수립	결과보고
주요 활동	-사전조사 -계획서 -착수보고	-자료수집 -현황조사 -항목도출	진단환경 설정 진단수행	-문제점도출 -개선안 도출	-진단결과 정리&보고 -교육실시
산출물	-진단 계획서 -착수보고 서	-현황조사서 -인터뷰결과 -회의록 -항목(진단)	-측정 -Monitoring 결과 -진단 결과	-문제점& 개선안 -회의록 -개선방향	-진단 결과서 -교육교재 -매뉴얼
기법& 도구	-	-인터뷰 -회의	-Command -Tool, Utility	-문서화	

- 각 단계(Layer)별 주요활동, 산출물, 기법&Tool 적용

4. System 구조진단 주요 활동 사례

구분	주요활동	세부 활동 내역
착수	-Kick off -업무 범위 설정	-Interview. 회의, 기존 자료리뷰 -제약사항등 상호협의
현황 파악	-System 구성& 운영 현황파악 -진단대상(OS, 자원, 기능등) -운영환경	-Interview (담당자, 관리/운영자) -시스템 아키텍처 구성도 등 -현황조사(장비구성, H/W, S/W, N/W 등 -System 진단 항목정의 등 ·System : CPU, 메모리, I/O, 개수

			현황 파악	- System 운영환경	- DBMS : 실행 계획(plan), 성능
					- Network : Bandwidth 등
					- 설비 : UPS, 항온항습기 등
				System 진단	- Windows : Perfmon
					- Linux : sysstate (Recompile)
			진단 수행	DBMS 진단	- DBMS 성능 : Perfmon
					- 수행속도 : SQL Script
					- 안전성 : Log 파일 분석, 모니터링
				Network	- Network 장비 대역폭 조사
					- TO-BE 대역폭 계산 & 적정성 검토
				기타 설비	- UPS 용량 적정성 계산
					- 항온항습기 용량 적정성 계산
			개선안 도출	AS-IS 개선안 도출	System 자원 (CPU, Memory, I/O)사용 기준치를 초과하는 System에 대한 개선안 도출
				TO-BE 개선안 도출	Web/WAS 서버 변수 점검 및 교체시기/방법, Memory Upgrade, Storage 추가 용량 계산
			결과 보고	보고서 작성 & 보고	- Review & Interview
					- 보고서 작성
					"끝"

저 자 소 개

저자 권영식

- 성균관대학교 정보보호학과 졸업(공학석사)
- 삼성종합기술원 연구원
- 삼성전자 선임/책임/수석연구원
- 국립공원공단 정보융합실장
- 컴퓨터시스템응용기술사
- 정보시스템수석감리원
- 정보통신특급감리원
- 정보통신특급기술자
- 과학기술정보통신부 IT 멘토
- 데이터관리인증심사원(DQC-M)
- 韓(한)·日(일)기술사 교류회 위원
- http://cafe.naver.com/96starpe 운영자

정보관리기술사
컴퓨터시스템응용기술사
- vol. 10 클라우드

2024. 9. 13. 1판 1쇄 인쇄
2024. 9. 25. 1판 1쇄 발행

지은이 | 권영식
펴낸이 | 이종춘
펴낸곳 | **BM** ㈜도서출판 **성안당**

주소 | 04032 서울시 마포구 양화로 127 첨단빌딩 3층(출판기획 R&D 센터)
      10881 경기도 파주시 문발로 112 파주 출판 문화도시(제작 및 물류)
전화 | 02) 3142-0036
      031) 950-6300
팩스 | 031) 955-0510
등록 | 1973. 2. 1. 제406-2005-000046호
출판사 홈페이지 | **www.cyber.co.kr**
ISBN | 978-89-315-6236-1 (13000)
정가 | 40,000원

이 책을 만든 사람들

책임 | 최옥현
진행 | 최창동
전산편집 | 이다혜
표지 디자인 | 박원석
홍보 | 김계향, 임진성, 김주승, 최정민
국제부 | 이선민, 조혜란
마케팅 | 구본철, 차정욱, 오영일, 나진호, 강호묵
마케팅 지원 | 장상범
제작 | 김유석

www.cyber.co.kr
성안당 Web 사이트